퍼스널 브랜딩,
그거 어떻게
하는 건데?

퍼스널 브랜딩, 그거 어떻게 하는 건데?

일곱 살 조카도 할 수 있는 나만의 콘텐츠 찾는 법

초 판 1쇄 2025년 01월 20일

지은이 부르크쓰
펴낸이 류종렬

펴낸곳 미다스북스
본부장 임종익
편집장 이다경, 김가영
디자인 윤가희, 임인영
책임진행 안채원, 이예나 김요섭, 김은진, 장민주

등록 2001년 3월 21일 제2001-000040호
주소 서울시 마포구 양화로 133 서교타워 711호
전화 02) 322-7802~3
팩스 02) 6007-1845
블로그 http://blog.naver.com/midasbooks
전자주소 midasbooks@hanmail.net
페이스북 https://www.facebook.com/midasbooks425
인스타그램 https://www.instagram.com/midasbooks

ⓒ 부르크쓰, 미다스북스 2025, *Printed in Korea*.

ISBN 979-11-7355-040-9 03190

값 19,500원

미다스북스는 다음세대에게 필요한 지혜와 교양을 생각합니다.

일곱 살 조카도 할 수 있는 나만의 콘텐츠 찾는 법

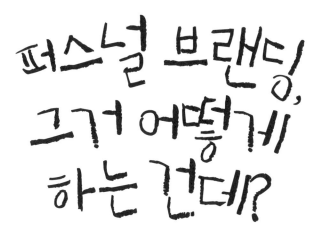

퍼스널 브랜딩, 그거 어떻게 하는 건데?

부르크쓰 지음

미다스북스

이 책은 평범한 사람이 자기다움을 찾아가는 방법을, 자신만의 특별한 콘텐츠를 만들어 더 넓은 세상으로 나아가는 법을 알려주는 책이다. 누구나 쉽게 따라올 수 있도록 친절하게 안내한다. 누구보다 치열하게 살아온 저자의 삶을 통해서, 꾸준히 성장해온 과정을 통해 새롭게 시작할 힘을 얻게 될 것이다. 시간이 지나도 변하지 않는 본질을 이야기하는 브랜딩 지침서를 만나고 싶다면 이 책을 펼쳐보길 바란다.

– 『삶이 글이 되는 순간』, 『나를 깨우는 책 읽기,
마음을 훔치는 글쓰기』 저자 허지영

시대가 바뀌었습니다. 과거에는 회사에 들어가서 회사에 필요한 기술을 익히며 오랜 기간 근무하며 평생을 살 수 있었습니다. 하지만 AI와 로봇의 발전으로 단순 노동에 가까운 일을 하는 사람의 가치는 날이 갈수록 떨어질 것입니다. 미래 사회에는 타인에게 영향력을 끼칠 수 있는 사람이 중심에 서게 될 것입니다.

그렇습니다. 퍼스널 브랜딩은 이제 특별한 기술이 아니라 누구나 가져야 할 기술이 되었습니다. 이 책은 평범한 사람이 퍼스널 브랜딩을 시작할 수 있는 현실적인 조언을 담고 있습니다. 시대적 흐름에 맞춰 퍼스널 브랜딩을 시작하실 모든 분들에게 이 책을 추천합니다.

– 『부의 통찰』, 『마흔, 이제는 책을 쓸 시간』 저자 부아c

프롤로그

여러분은 평소와 같이 잠에서 눈을 떴습니다. 어딘지 모르게 낯선 풍경에 멍한 정신을 부여잡는데, 옆에 로봇이 한 대 서있다는 것을 알게 돼요. 그 로봇은 여러분의 안색을 살피고는 딱딱한 어조로 이야기합니다.

"동공 반응 정상. 혈압 맥박 이상 없음. 정해진 절차에 따라 대상자에게 계급 부여 절차를 진행합니다."

"계급이요? 저기요. 이게 무슨…"

"이름 ○○○. 1989년 3월 27일 출생. 물류회사 통관팀 10년 근무. 2024년 대재앙 시 가사망 상태에 들어간 뒤 급속 냉동 후 금일 2124년 5월 25일 해동. 손상된 신체는 전부 수복되었으며, 냉동고 이용료 및 신체 복구 비용 변제를 위해 금일부터 정해진 계급에 따른 노동을 시작합니다."

"뭐라고요? 지금이 2124년이라고요? 이게 무슨 말 같지도 않은…"

"계급 부여를 위해 가사망 전의 보유 자격과 이력을 확인합니다. ○○○의 보유 자격은 국제무역사, 무역 영어 1급, 1종 보통 면허, 베트남어 자격증입니다."

"아니 그걸 어떻게? 그리고 계급이라니!"

"가사망 이전의 모든 정보는 데이터베이스화되어 있습니다. ○○○의 자격과 보유 능력상 부여받을 계급은… 최하급인 4급 프레카리아트입니다. 사회 계급도에 따라 AI의 명령으로 단순 반복 업무를 수행하게 될 것입니다."

"아니, 그게 무슨 말이에요! 단순 반복 업무라니? 나는 회사에서 1년에 백억이 넘는 물동량을 수출했던 사람이라고요. 그리고 핵심 인재로 뽑혀 임원이 될 예정이었고!"

"인간에 의해 수행됐던 수출입 통관 업무는 챗GPT v7.0 때 AI(인공지능)에 의해 대체 되었습니다. 현재는 필요하지 않은 기술입니다."

"아니 그게 무슨… 그럼 난 베트남어도 할 수 있어요! 대학교 때 전공을 했고 교환 학생으로 어학연수도 다녀왔어요."

"각 나라 언어에 대한 통역은 챗GPT v8.0 때 AI에 의해 대체 되었습니다. 현재 일부 원주민 부족 언어를 제외하면 AI를 통해 모든 언어로 소통이 가능하며, 통번역은 필요치 않은 능력입니다."

무언가를 더 이야기하려고 하는데 로봇이 여러분의 팔을 낚아채요. 그러고는 이마에서 빛이 나오더니 손목 위에 IV(4급)라는 숫자가 새겨집니다. 그렇게 여러분은 햇빛 한 점 없는 지하로 끌려가 AI가 시키는 반복 업무를 수행하게 됩니다.

어떤가요? 눈을 떠보니 미래에 떨어진 그의 이야기를 보면요. 말이 안 된다거나 영화에서 나올 법한 이야기 같다는 생각이 드시나요? 그렇게 생각될 수 있습니다. 그러면 좀 더 현실적인 비유를 들어보겠습니다.

여러분이 사회에서 직장을 얻고 일을 하며 살고 있다고 해볼게요. 하고 있는 일에도 적응을 했고, 직장도 안정적이에요. 앞으로 이런 상태가 언제까지고 지속될 거라 생각돼요. 그렇게 안심하고 지내고 있는데, 저 멀리서 뭔가가 다가오는 것이 보여요. 자세히 보니 지평선을 가득 메운 파도예요. 이게 도대체 뭐지 하고 뉴스를 찾아보니 '**기술의 발전(AI)**'이란 파도래요. 그리고 그 집채만 한 파도들이 우리가 위치한 지형에 따라 시간차를 두고 다가오고 있어요.

먼저 파도가 집어삼킨 건 톨케이트 쪽이에요. 하이패스란 시스템이 도입되면서 일을 잘하고 있던 많은 사람들이 물살에 휩쓸려 갔어요. 그리고 다음은 마트 쪽이에요. 키오스크 시스템이 등장하며 계산대에서 근무하던 사람들이 떠내려가고, 로봇 청소기가 도입되면서 청소부 여사님들도 파도를 맞게 됐어요. 그렇게 오랜 기간 마트에서 삶을 일궈오던 많은 분들이 물에 잠겼어요.

그런 광경을 지켜보는 이들이 있어요. 조금 더 높은 지대에서 자리를 잡고 있는 사람들이에요. 은행에서 대출을 해주는 은행원들도 그중 하나인데, 물살에 휩쓸리는 사람들을 보며 '여기까진 파도가 닥치지 않겠지.'라고 생각하고 있어요. 하지만 이게 웬걸. 파도는 멈추지 않았어요. 스마트 뱅킹이라는 시스템이 도입되며 수많은 은행 지점이 문을 닫고, 30대 후반부터 희망퇴직을 받게 됐어요.

어떤가요? 이렇게 보니 2124년에 떨어진 ㅇㅇㅇ의 일이 그렇게까지 먼 일은 아닌 것 같지 않나요? 대기업에서 복잡한 사무를 처리하는 이들, 외국어를 다루는 통번역가. 약을 조제하는 약사나 법리적 문제를 다루는 변호사. 과연 이들은 언제까지고 안전할까요? 송길영 작가님의 『시대예보』를 보면 다음과 같은 구절이 나옵니다.

"미래는 이미 와 있다. 다만 모두에게 균등하게 온 것은 아니다."

세상은 분명 변하고 있어요. 기술의 발전으로 인해 집에서 KTX 표를 예매할 수 있게 됐지만, 같은 시대를 사는 노인분들은 그러실 수 없어요. 누가 도와주지 않는다면 기차역에서 현장 구매를 하셔야 합니다. 하지만 매번 그분들을 위해 표가 남아 있진 않아요. 많은 경우 떠나버린 기차를 보며 한숨을 내쉬어야 합니다. 그리고 그건 미래의 우리 모습이 될 수도 있어요. 형태는 다를 수 있지만, **미래를 제때 알아채지 못하면 우린 분명 대가를 치르게 될 거예요.** 그게 우리가 퍼스널 브랜딩과 콘텐츠를 고민해야 하는 이유입니다.

물론 급변하는 시대를 살아가는 방법이 반드시 퍼스널 브랜딩일 필요는 없습니다. 하지만 평생직장이란 개념이 사라지고, 유튜버가 대기업 직장인보다 더 많은 돈을 버는 시대를 준비할 좋은 방법은 자신의 콘텐츠를 만드는 것입니다. 소비만 하던 사람에서 작게라도 무언가를 생산해 보는 것. 누군가가 짜준 판이 아닌, 내가 주체적으로 판을 만들어 보는 것. 그게 빠르게 변화하는 세상에서 우리를 지켜줄 방주가 되어줄 겁니다.

목차

Step 4 전자책 집필&마케팅: 책이 저절로 써지는 실전 로드맵

Step 1

퍼스널 브랜딩

내 인생의 해상도를 올리다

01

내가 통제할 수 있는 것에 집중해라

회사에 입사하기 전까지 책상 앞에 붙여놨던 문구가 있었습니다.

"월 300, 연봉 3600. All or nothing."

21살 군대 관물대에서부터 붙어 있던 이 문구는 입사 전까지의 모든 노력이 높은 월급을 위해서였다는 걸 뜻했습니다. 그렇게 좋은 회사에 들어가면 'All'을 얻게 되고, 이후의 인생이 탄탄대로 위에 놓일 거라고 생각했습니다. 드라마 속 주인공처럼 신축 오피스텔에 살고 외제 차를 몰며, 퇴근 후엔 와인을 마시는 삶을 꿈꿨죠. 그렇게 입사 통지를 받고 난 뒤, 고급 오피스텔을 계약했습니다. 높은 월세가 부담됐지만 "좋은 회사이니 이 정도는 부담 안 되실거다."라는 부동산 사장님의 꼬임에 넘어갔던 것이죠.

당시엔 제가 그려 오던 미래를 긍정해 준 사장님의 말씀이 감사하기까지 했습니다.

하지만 얼마 지나지 않아 그건 감사한 일이 아니었다는 걸 알게 됐어요. 바닥이 대리석인 오피스텔은 관리비가 터무니없이 비쌌고 월세와 합치면 매달 100만 원 가까운 돈이 빠져나갔습니다. 주거비 외에도 학자금 대출 상환금과 카드값을 빼면 남는 돈이 거의 없다는 걸 알게 됐습니다. 대기업에만 들어오면 눈앞은 탄탄대로일 줄 알았는데, 뭔가 잘못됐다는 생각이 들었습니다.

연차가 지나며 그 생각은 점점 현실로 드러났습니다. 회사 주차장에 세워져 있던 외제차는 집 안 사정이 넉넉한 선배의 차였고, 같은 회사에 다닌다는 게 저도 그런 차를 탈 수 있다는 말은 아니라는 걸 알았죠. 제 자리는 송아지 엉덩이 가죽으로 만든 외제차 핸들 앞이 아니라 시내버스로 퇴근하는 선배의 옆자리였습니다. 매일 "이건 도대체 어디까지 돌아가는 거냐."라는 푸념을 들으며 창밖을 바라봐야 했죠. 월급은 그래봤자 월급이었고 그게 인생을 바꿀 순 없었습니다. 그렇게 제가 원하던 삶은 월급보다는 조금 더 비싼 값을 치러야 한다는 걸 알게 됐습니다.

하지만 그 값을 무엇으로 치를 수 있을지 알기는 어려웠습니다. 회사원인 제게 회사는 곧 모든 세상이었고 그 밖에 무엇이 있는 줄 몰랐던 겁니다. 그렇게 회사 일에만 몰두하면서도 동시에 불안했습니다. '회사에 모든 것을 건 길의 끝에 원하는 삶을 얻을 수 있을까. 과연 내가 행복할 수 있을까.'라는 생각이 들었습니다.

그러던 와중에 존경하던 팀장님과 해외 출장을 가게 됐습니다. 일과를 마친 뒤 한식당에서 술이 얼큰하게 오를 때쯤 용기를 내서 여쭤봤습니다.

"저, 팀장님. 실례지만 혹시 지금 행복하십니까?"

"응? 그게 무슨 소리냐 갑자기."

"생각해 보니까 제가 회사일을 착실하게 했을 때, 잘하면 10년 후에 팀장님처럼 보직자가 돼 있을 것 같더라고요. 그런데 궁금해졌습니다. 저는 지금 걱정도 막연한 것들도 많은데, 팀장이 되고 나면 그런 것들이 없어질지가요. 그래서 한번 여쭤보고 싶었습니다. 혹시 지금 행복하십니까?"

팀장님은 생뚱맞은 제 질문에 당황하시고는, 잠시 후 진지한 표정으로 대답을 하셨습니다. 팀장들과 임원 한 분이 모인 자리에서 임원분께 비슷한 질문을 드린 적이 있었다고 말이죠. 팀장들이라고 해서 저와 같은 불안감이 없는 건 아니었고, 그들의 10년 후인 임원이 되면 삶이 행복한지 실례를 무릅쓰고 여쭤봤었다는 걸 알게 됐습니다. 그리고 전해 들은 임원분의 대답은 이런 내용이었습니다.

"야. 나는 뭐 임원이 되고 싶어서 된 줄 아냐? 윗사람들이 시키는 거 하고, 욕 안 먹으려고 야근하고, 애들 사진 보면서 더러워도 버티고! 그렇게 하다 보니까 임원이 된 건데, 그럼 뭐 끝인 줄 아냐? 임원 돼도 부사장님 눈치 보는 건 똑같고, 매번 계약 만료될까 봐 걱정하는 건 더하지 더해! 행복 같은 소리 하고 있네. 나라고 이렇게 살고 싶은 줄 아냐!"

그 임원분의 이야기는 당시 제게 많은 생각이 들게 했습니다. 수많은 경쟁을 이겨내고 팀장이 되고, 그보다 더 많은 경쟁자들을 제치고 임원이 되어도 마냥 행복할 수만은 없다는 걸 알게 됐던 것이죠. 회사 밖이라고 해서 더 나은 삶이 있을지는 모르겠지만 적어도 회사에만 골몰해선 안 된다는 걸 알았습니다. 끝도 없이 돌아가는 순환 버스에 앉은 것과 같이 통제할 수 없는 무기력에서 벗어나야만 했습니다.

그 출장 이후로 저는 의도적으로 회사 밖으로 눈을 돌렸습니다. 독서 모임으로 시작된 회사 밖에서의 여정은 주식으로, 부동산 투자로, 그리고 온라인 마케팅으로 이어졌습니다. 이후엔 퍼스널 브랜딩과 이렇게 책을 쓰는 일에까지 오게 됐습니다. 그 전보다는 분명 삶을 '통제할 수 있는 것'으로 채우고 있습니다.

심리학 용어 중 통제 부위라는 개념이 있습니다. 누군가 상황을 자신의 노력이나 행동 등의 내적인 요소로 통제할 수 있다고 여기는지, 또는 운이나 상황과 같은 외부 요인에 의해 결정된다고 생각하는지를 설명하는 개념입니다. 연구 결과에 따르면 통제 부위가 내부에 있는 사람은 그렇지 않은 사람에 비해 장기적인 목표를 달성할 확률이 높다고 합니다. 좋지 않은 일이 벌어졌을 때 "운이 없었어."라거나 "주변 동료들이 날 도와주지 않아서 그래요."라고 말하는 사람들이 있습니다. 하지만 그런 사람보단 "내가 신중하지 못했어요. 만약 다음 기회가 생긴다면 조금 더 노력해서 좋은 결과를 얻을 수 있도록 만들 거예요."라고 말하는 이들이 원하는 바를 이룰 확률이 높다는 것이죠.

우리 삶에도 이 개념을 적용시켜 볼 수 있습니다. 회사의 오너가 되지 않는 이상 회사를 내가 통제할 수는 없습니다. 하지만 회사 일이 아닌 다른 것들을 삶에 채워볼 수는 있죠. 물론 회사와 그것들을 병행하는 것이 힘이 들 수는 있습니다. 하지만 **우리가 통제할 수 있는 것들의 비중이 높아지는 건 변수 가득한 삶에서 여러분의 중심을 잡아 줄 겁니다.** 누군가 짜 놓은 판에서 정해진 역할을 수행하는 게 아니라 주체적으로 삶의 궤도를 그리는 데 분명 큰 도움이 되어 줄 것입니다.

02

직접 쓴 전자책 한 권이
책 1,000권을 이긴다

우리가 자기 계발을 하고자 할 때 가장 쉽게 생각할 수 있는 건 뭘까요? 아마 책을 읽는 것일 겁니다. 그렇다면 질문을 하나 던져 보겠습니다. 여러분은 지금까지 몇 권의 책을 읽었나요? 어릴 때 봤던 책까지 세긴 어려우니, 성인이 되고 나서로 한정해 보겠습니다. 개인마다 다르겠지만 만약 여러분이 본 책이 100권이라고 했을 때 여러분은 그 책들을 읽고, 뭔가 달라진 것이 있나요?

물론 없지는 않을 겁니다. 『상실의 시대』를 읽고 젊음의 허무에 공감하거나 『왜 나는 너를 사랑하는가』를 보며 로맨스를 꿈꿨을 수도 있고, 『미움받을 용기』에서 심리학을 배웠을 수도 있습니다. 그렇게 지식을 고루 갖추고, 현실 이상의 것들을 간접적으로 경험하는 건 분명 필요합니다. 우리의 정체성을 확립하기 위해 반드시 있어야 할 과정이지요. 하지만 그것만으로 충분할까요? 발전하겠다 마음먹었던 것에 대해 만족할 만한 성과를 얻은 걸까요?

어느 옛 마을에 있었던 10,000권의 책을 본 사람의 이야기를 해보겠습니다. 농경, 축산과 같은 1차 산업부터 의학 서적, 이름을 짓는 데 필요한 양명학까지 모르는 것이 없어 현자로 불리웠습니다. 하루에도 많은 사람들이 그를 찾았고, 모두에게 꼭 필요한 존재로 여겨졌습니다. 하지만 만약 그가 요즘 시대에 태어났다면 어떨까요? 백과사전이나 인터넷이 없던 시대엔 여러 지식을 갖춘 것이 가치 있게 여겨졌겠지만, 과연 요즘 시대에도 그를 귀하게 대했을까요? 전공 공부도 적당히, 영어도 적당히, 회사 일도 적당한 수준으로 하는 사람. 모르긴 몰라도 아마 그는 삶에서 크게 이름을 알리진 못했을 겁니다.

일반적인 경우라면 그게 문제가 되진 않습니다. 하지만 퍼스널 브랜딩과 인생 플랜 B를 준비하는 경우엔 아쉬울 수 있습니다. 요즘 시대는 10가지를 조금씩 아는 것보단 1가지를 잘하는 인재를 원하는 경우가 많거든요. 그리고 세상은 그런 이들에 의해 발전합니다. 대학교를 채 마치지 못했던 스티브 잡스는 애플을 차렸고, 서른 번의 입사 면접과 아르바이트에서도 떨어진 마윈이 알리바바를 세운 것처럼 말입니다. 이들과 같이 사회가 원하는 역량을 고루 갖추진 못했지만, 한 분야에서 전문성을 가진 이들이 세상을 움직입니다. 그리고 **그들처럼 세상이 아니더라도 '우리가 사는 세상'**

을 바꾸기 위해선 작은 전문성이 필요합니다.

그건 어떻게 기를 수 있을까요? 책을 폭넓게 읽는 탐색의 단계를 지나 몰입을 경험해 봐야 합니다. 에너지가 흩뿌려지도록 두는 게 아니라 한 지점으로 응축을 해봐야 합니다. 그렇게 모든 걸 잊을 만큼 깊이 몰입했을 때 우리가 어디에 가슴이 뛰는지, 무엇이 되고 싶어 하는지를 알 수 있습니다. 우리의 정체성을 이루는 조각들을 발견하는 것이죠. 그리고 그와 같이 순도 높은 몰입은 책을 쓰면서 가장 깊이 경험할 수 있습니다.

주변에 비슷한 경험을 한 지인이 있습니다. 그는 자기 계발을 위해 많은 책을 읽었지만 딱히 삶이 바뀌지 않았습니다. 하지만 저와 함께 한 퍼스널 브랜딩 모임에서 책을 써 볼 생각을 하게 됩니다. 이후 몰입된 상태에서 책을 읽게 됐고, 자신의 마음을 움직이는 내용들을 모아갔습니다. 그렇게 오랜 시간을 들인 뒤에 쌓여 있는 글귀들을 보며 놀라운 사실을 깨닫게 됩니다.

그건 바로 **자신이 마음에 들어 했던 문구들이 곧 '자신이 세상에 하고 싶은 말'이었다는 것**이지요. 어떠한 책에서 감동적으로 느껴졌던 내용이 있다면, 그는 그의 생각이 투영됐었기 때문이라는 걸 알게 된 것 입니다. 그리고 이를 한데 모아 자신만의 이야기로 엮기 시작했습니다. 책을 통해 배운 것들과 삶에서 경험한 것들, 또 앞으로 그가 원하는 삶의 모습을 담았습니다. 그렇게 그는 자신의 정체성 조각들을 모아 갔고, 그것들이 모여

책의 원고가 된 것을 발견했습니다.

이 사례를 보고 우리가 얻을 수 있는 교훈은 뭘까요? 책을 읽거나 경험을 하며 느끼는 깨달음은 쉽게 휘발돼 버리지만 목적성을 갖고 모아 나가면 가치가 생긴다는 것. 그리고 그 조각들이 무리를 이뤄 책이 될 수도 있다는 것입니다. 물론 처음 쓴 원고가 반드시 좋은 결과를 얻지는 않을 수 있습니다. 하지만 그렇게 쓰여진 책은 분명 **여러분의 세상을 움직일 작은 전문성**이 되어 줄 겁니다.

책이라고 하면 거부감이 생길 수 있습니다. '글 쓰는 것도 싫어하는데 과연 내가 책을 쓸 수 있을까?'하고 말이에요. 이에 대해서는 책에서 계속해서 다루겠지만 여기서는 마음의 부담만 조금 덜어 드리겠습니다. 일반적으로 작가는 국문과를 나오거나 하버드 대학교를 졸업했다거나 손흥민 선수의 아버지 정도는 되어야 하지 않나 생각할 겁니다. 네, 그럴 수 있습니다. 그런 권위와 전문성을 활용해 책을 쓰시는 분들도 있으니까요. 그리고 그건 많은 경우 종이책에 해당이 됩니다. 하지만 전자책의 경우는 어떨까요?

전자책은 종이책과 달리 출판사의 개입이 없습니다. 대부분의 종이책은 출판사에서 원고를 검토해 출간할 가치가 있는지를 판단합니다. 그 과정에서 저자의 약력과 필력, 그리고 책이 출간되면 얼마나 팔릴 수 있을지를 가늠하지요. 이 단계를 통과해 출간이 되는 건 여러분이 생각했던 '아무나

할 수는 없는 일'이라고 볼 수 있을 겁니다. 하지만 전자책엔 이 단계가 존재하지 않습니다.

일부 출판사에서는 종이책과 같이 심사 과정을 거쳐 전자책을 출간하기도 하지만 대개 '전자책'을 말할 때 그건 출판사의 개입이 없이 출간된 책을 의미하는 것이지요. 그리고 제가 책에서 다룰 전자책도 마찬가지입니다. 여기까지 간단히 살펴본 전자책의 특성은 다음과 같은 사실을 의미합니다. **전자책이란 것은 '약간의 의지'만 있다면 여러분도 얼마든지 출간할 수 있다는 것을 말이에요. 이와 같은 현실적인 도전을 해냄으로써 여러분은 브랜딩의 첫발을 내디딜 수 있고, 종이책에도 좀 더 수월하게 도전할 수 있게 될 것입니다.**

03

평범하다니, 오히려 좋아

여러분은 퍼스널 브랜딩이란 단어를 들으면 뭐가 떠오르시나요? 작가, 또는 강사 중 널리 알려진 사람들. 멋진 몸매를 가졌거나 유퀴즈에 나올 법한 화려한 이력을 지닌 사람들을 생각하실지 모릅니다. 네, 그런 사람들도 있지요. 하지만 브랜딩이 꼭 화려함을 이용해야만 하는 건 아닙니다. 그것보단 은은한 공감이나 동질감을 통해 마음을 움직이는 브랜딩도 있습니다. 그리고 제가 말씀드릴 내용도 후자에 가깝습니다. **보통 사람이 경험한 것들을 바탕으로 작은 노하우를 나눠 주는 것. 그것이 상품화될 수 있도록 가다듬는 것.** 이와 같이 평범한 사람이 현실적으로 할 수 있는 것들을 이야기해 보고자 합니다.

20대 때 노래를 잘하고 싶어서 보컬 레슨을 받았던 적이 있습니다. 인터넷에 검색을 해보니 음대 출신이나 음반 가수, 가수들의 보컬 트레이너 등 다양한 이력을 가진 분들이 있다는 걸 알게 됐지요. 저는 웃돈을 주고, 그 중에 이력이 가장 많은 분을 신청했습니다. 왠지 경력이 많은 사람에게 배워야 할 것 같았기 때문이죠. 당시에는 강사의 이력이 가르치는 능력과 비례할 거라고 생각했던 것 같습니다. 여러분의 이해를 돕기 위해 노래 실력을 점수로 수치화해보겠습니다.

- 1: 음치
- 2: 보통 일반인
- 3: 노래 잘하는 일반인
- 4: 노래를 배워본 일반인
- 5: 음악 전공자
- 6: 음악 전공자 중 상위 클래스
- 7: 가수
- 8: 유명 가수
- 9: 정상급 가수
- 10: 김나박이 (김범수, 나얼, 박효신, 이수)

 이 분류에 따르면 제가 신청한 분은 7점에 해당이 될 겁니다. 그분은 예고를 나와 화성학을 전공했었습니다. 저는 그 분께 두 달 정도 레슨을 받앉는데, 아주 크게 실망을 하게 됩니다. 뭔가를 배우는 건 맞지만 너무 돌아가는 기분이라고 해야 할까요? 가려운 부분을 긁어 주는 느낌이 없었습니다. 그분은 발성, 호흡, 자세. 그리고 소리를 내는 이론에 대부분의 시간을 할애했습니다. 애국가를 최대한 적은 호흡으로 스무번씩 부르는 과제는 재미도 없었지요. 결정적으로 썸녀와 갔던 노래방에서 큰 망신을 당했습니다. 선곡이 잘 못 됐는지, 목이 덜 풀렸었는지, 배운 건 조금도 써먹지 못했습니다.

뭐가 문제였을까요? 당시에는 잘 깨닫지 못했습니다. 제가 배운 내용을 제대로 습득하지 못했거나 애초에 배운다고 잘할 수 있는 사람이 아니라고 생각했습니다. 하지만 그게 문제가 아니었습니다. 다른 분께 보컬 레슨을 받고 바로 알게 됐습니다.

첫 번째 레슨을 받고 시간이 어느 정도 지났을 때, 노래에 아쉬움이 남아 사이트를 뒤적거리던 제게 한 강사분의 소개 글이 눈에 띄었습니다.

"두 시간 만에 노래 잘하게 만들어 드립니다."

제 속마음을 읽은 것 같은 문구에 바로 신청을 했습니다. 강사분의 이력은 특별하지 않아 보였지만 어쩐지 예감이 좋았거든요. 그리고 진행된 원 포인트 레슨. 저는 첫 번째 강사분께 두 달간 배운 것보다 더 많은 것을 배우게 됩니다. 그 강사 분은 위에서 분류한 점수에 따르면 잘해봐야 5점에 해당하는 분이셨습니다. 하지만 어릴 때부터 노래를 배운게 아니었기 때문일까요? 오히려 저와 같이 노래를 못해서 배우려는 사람의 **니즈를 정확하게 이해하고 있었습니다.**

그는 제게 자신 있는 노래를 한 곡 해보라고 한 뒤 수업을 시작했습니다. 우선 노래방 기계를 세팅하는 법부터 마이크를 잡는 법, 제 목소리의 음역대엔 어떤 노래를 해야 하는지를 알려줬습니다. 심도 깊은 이론들은 아니었지만, 그건 제게 더 직접적으로 도움이 되는 내용이었어요. 특히 어렵지 않으면서도 잘 불러 보이는 노래 리스트 등은 철저하게 노래를 잘할 수 있는 방법에 집중돼 있었지요. 아니, 정확히는 노래를 '잘해 보이는 방법'이었는지도 모르겠습니다.

생각해 보니 그랬습니다. 제가 음대 입학시험을 볼 것도, 가수를 지망하는 것도 아닌데 이론적인 내용은 그렇게 오래 다룰 필요가 없던 겁니다. 첫 번째 강사님이 알려 준 방법대로 시간을 오래 들인다면 더 제대로 된 성과를 볼 수도 있겠지만 애초에 제가 원하던 것과는 달랐던 것이지요. 그도 그럴 것이 첫 번째 수업을 해주셨던 강사님은 어릴 때부터 노래를 잘해서 예고에 가고, 화성학을 전공했었을 겁니다. 그리고 가수가 되기까지 **삶에서 한 번도 '노래를 못하는 사람'의 입장이 아니었던 것이죠.** 그러다 보니 제가 무얼 바라는지, 뭐가 필요한지에 대한 근본적인 공감이 없었던 겁니다.

위 사례와 같이 전문성이 높은 것이 모든 경우에 다 좋지는 않습니다. 세상의 모든 사람들이 그런 이들을 원하는 것도 아니지요. 필요 이상의 전문성은 때때로 독이 되기도 합니다. 배우는 이와 이해의 폭을 넓히는 걸림돌이 되지요. 축구의 신 마라도나는 감독 시절 선수들에게 이렇게 말했다고 합니다. "공을 몰고 가서 골대에 넣기만 하면 되는데, 왜 그렇게 못하는지 도저히 모르겠다."

'평범한 내가 과연 퍼스널 브랜딩을 할 수 있을까?', '전자책을 쓸 수 있을까?'라고 생각할 수 있습니다. **하지만 오히려 평범하기 때문에 누군가는 우리의 이야기를 필요로 할 수도 있어요.** 특별하지 않은 사람이 조금 먼저 경험한 생생한 이야기를 통해 누군가는 얻을 수 있는 게 있습니다. 사람들은 먼저 화려한 모습을 한 저자에게 끌릴 수도 있어요. 하지만 그들을 보고 '대단하다.'라는 감상에 빠졌다가도 그들이 우리와 다르다는 것을 알고는 낙담하게 되죠. 반면 독자들의 마음을 움직이고, 행동을 하게 만드는 건 그들과 비슷한 평범한 사람의 이야기입니다.

『부의 인문학』 저자인 브라운 스톤(우석)님이 반지하 월세방에서 살던 때를 이야기를 하고, 『부의 통찰』 저자인 부아c님이 회사만 바라보고 살 때를 자주 언급하는 건 바로 그런 이유 때문일 겁니다. 그리고 대중이 실제로 그들에게 끌리는 건 그들의 인사이트보단 동질감 때문인지도 몰라요. **우리가 가진 평범함에 약간의 대중성을 더할 수 있다면 우리 콘텐츠**

도 충분히 환영받을 겁니다. 꼭 유명한 이들과 경쟁할 필요는 없어요. 우리는 그들을 피해 작은 시장을 만드는 방법을 연구할 것이고, 더 나아가 그곳에서만큼은 그들을 이기는 법도 찾아낼 테니까요.

04

생각하는 대로 살지 않으면
사는 대로 생각하게 된다

우리 몸에서 가장 먼 곳은 어디와 어디일까요? 아마 대부분의 사람들은 머리끝과 발끝 사이라고 대답할 겁니다. 하지만 더 먼 곳이 있습니다. 그건 바로 우리의 머리와 손 사이입니다. 머릿속으로는 수십 번 생각한 일들을 실제로 행하는 건 쉽지 않으니까요. '오늘은 운동해야지.', '올해는 이직해야지.', '나도 뭔가 자기 계발이란 걸 해봐야지.'라고 생각하지만, 행동으로는 잘 옮기지 않게 됩니다. 살아가는 방식에도 관성이라는 것이 있어 한 번 형태가 결정되면 바꾸기 어렵기 때문입니다.

저 또한 회사에 적응을 하고 난 뒤 에너지가 남는다는 것을 느꼈습니다. 그래서 조금 더 발전적인 삶을 살아보기로 했지요. 무엇을 할지 고민하다가, 심리학 공부를 하기로 결정하고 학점 은행제도를 통해 수업을 신청했습니다. 이후 가까운 지인들과의 술자리에서 이를 알렸는데 그들의 반응에 저는 크게 놀라게 됐습니다. 그들 대부분은 이렇게 이야기를 했어요.

"그걸 해서 뭘 하려고 하냐.", "퇴근하고 나서는 쉬어야 하는 거다.", "그런 건 결국에 하다가 포기할 거다."

　이런 말들을 계속해서 들으니 저도 스스로 '이게 잘하는 일인 걸까.'라는 의문이 들었습니다. 시작하다가 포기하느니 안 하느니만 못하고, 회사 일도 지장이 생길 거라는 말에 흔들렸던 것이죠. 그러다 보니 발전적인 삶에 대한 의지는 점차 사그라들었고, 다시 주변 사람들의 삶을 따르게 됐습니다. 주말엔 부족한 잠을 보충하고 밤새 술을 마시는 등 의미 없는 시간을 보냈지요. 하지만 그렇다고 행복하지도 않았습니다. 물에 술 탄 듯, 술에 물 탄 듯 희망도 기쁨도 없는 회색지대를 걷는 느낌이었죠.

　그러던 중 우연히 군대에서 썼던 수첩을 발견하게 됐는데, 거기엔 이렇게 쓰여 있었습니다.

"사람에게는 평균으로의 회귀라는 강력한 본능이 숨겨져 있다. 훈련이란 그러한 본능을 극복하는 행위이며, 자신에게 명령을 내리지 못하면 평생 타인의 명령을 듣고 살 수밖에 없다. **생각하는 대로 살지 않으면 사는 대로 생각하게 될 것이다.**"

정신이 번쩍 들었습니다. 마음속으로는 발전적으로 사는 걸 꿈꿔 왔는데, 그런 것과는 거리가 먼 생활을 하고 있었습니다. 남들이 삶을 대신 살아 주는 것도 아닌데, 해보지도 않고 현실에 안주해 버린 것 또한 답답했습니다. 군대라는 제한된 상황에 있으면서도 책을 보며 멋진 미래를 꿈꿨던 스물한 살의 제게 미안한 마음마저 들었지요. 생각해 보니 그랬습니다. **게으르게 산다고 해서 욕심까지 버린 건 아니었습니다. 돈을 흥청망청 쓰고, 술이 깨면 또 술 약속을 잡으면서도 좀 더 나은 삶에 대한 선망은 갖고 있던 겁니다.**

집 안에 사뒀던 싸구려 양주들을 싱크대에 전부 부어 버렸습니다. 그러고는 카페 구석에 자리를 잡고 앉아 무작정 검색을 했지요. '자기계발. 잘 사는 법. 부자 되는 법.' 그렇게 의식의 흐름에 따라 키워드를 검색하던 중 부동산 카페를 보게 됐습니다. 거기선 투자 스터디에 참여할 사람을 모집하고 있었어요. 저는 자격 요건이 되는지를 확인하고 곧바로 신청서를 제출했습니다. **기적을 바란다면 발가락부터 움직이라는 말처럼, 그게 제 삶을 바꿔 줄 계기가 되어 주길 바랐습니다.**

투자 스터디에서는 아무나 받아주지 않았습니다. 까다로운 서류 면접에 수십 명 앞에서 피티 면접을 본 뒤, 가까스로 합격을 하게 됐습니다. 그렇게 난관 끝에 만난 사람들은 제 기대에 부응을 해줬습니다. 그들은 퇴근 후의 시간을 귀한 자산으로 여겼고, 주말은 새로운 삶을 준비할 수 있는 기회로 생각했습니다.

회사 밖의 시간은 '쉬거나 놀기 위한 것'이라고 여겼던 것과 정반대의 관점이었지요. 퇴근 전 스터디 카페에 다니는 공무원도 있었고 퇴근 후에 무인 편의점을 관리하는 선생님, 주말 이틀을 소호 사무실로 출근하는 은행원도 있었습니다.

그런 그들의 삶을 가까이서 바라보며 '시간의 농도가 다르다'는 것을 느꼈습니다. 누구에게나 24시간이 주어지지만 그걸 구성하는 질적인 점도가 달랐지요. 생각하는 바가 있다면 그걸 이루기 위해 적극적으로 손을 뻗는 삶의 자세를 배웠습니다. 투자의 성패는 큰 틀에서 시장에 의해 좌우되지만, 그걸 떠나서 더 나은 삶을 위해 노력하는 삶의 태도는 존경스러웠습니다. 오마에 겐이치의 유명한 명언이 있습니다.

"인간을 바꾸는 건 오직 세 가지 방법뿐이다. 사는 곳을 바꾸거나 시간을 달리 쓰거나 새로운 사람을 만나는 것. 그 이외에는 아무것도 없다."

저는 그렇게 새로운 사람들을 만나 시간을 달리 쓰며 크게 달라졌습니다. 더 이상 퇴근 이후에 술자리를 찾아다니지 않았고, 주말을 그냥 흘려보내지도 않게 됐지요. 어떻게 하는 것이 내 생각대로 사는 것일까 라는 걸 고민하며 하루하루를 채웠고, 마흔과 쉰 살이 된 제게 부끄럽지 않도록 주체적인 삶을 살게 됐습니다.

개리 비숍의 『시작의 기술』을 보면 이런 문구가 나옵니다.

"무언가를 이루려고 노력할 때마다 당신은 물살을 거슬러야 한다. 종종 주변 사람들의 의견이 당신을 목적지로부터 멀리 끌어내기도 한다. 그들은 당신이 할 수 없다고 말할 것이다."

책에 따르면 우리가 추구하는 일이 독창적일수록 반대도 더 거세질 거라고 합니다. 왜냐하면 우리 주변의 사람들은 이미 우리를 특정한 종류의 사람으로 생각해 버렸기 때문이죠. 그렇기에 기존의 틀을 깨려고 할 때마다 우리가 우리의 세상만 어지럽히는 것이 아니라, 그들의 세상까지 어지럽힌다고 생각하게 됩니다.

하지만 우리도 물살을 거슬러야 할 때가 있습니다. 주변 이들의 시선을 이겨 내야 할 때가 있습니다. 결국 누구도 우리의 삶을 대신 살아주는 것은 아니기에, 우리의 생각이 타인에게 결정되는 것을 막아야 합니다. **필요하다면 주변을 바꾸고, 만나는 이들을 신중히 고르며 우리 생각을 세상에 관철시켜야 합니다.** 그렇게 생각하는 대로 삶을 채우게 됐을 때, 우리 시간의 농도 또한 근사한 향을 내며 진해질 겁니다. **우리는 언제나 스스로를 변화시킬 수 있는 힘을 가지고 있습니다.**

05

나보다 더 안전한 투자 상품은 없다

세상에서 가장 안전한 투자 상품은 뭘까요? 서울 부동산? 미국 주식? 아니면 금? 저도 그걸 찾는데 관심이 많았습니다. 아버님께서 사업에 실패한 뒤 집안 환경은 너무나 불안했거든요. 집안에 화장실이 없어 상가의 공용 화장실을 써야 하는 건 특히 그랬습니다. 취객들과 같은 공간을 쓰는 건 늘 크고 작은 사건들을 만들었고, 가난이 삶을 불안하게 한다는 걸 배우게 했습니다. 그러다 보니 '안정적인 삶'을 꾸리는 데 집착하게 했지요.

직장에 취업하고 나선 주식이 제 삶을 가장 안정적으로 만들어 줄 방법이라 생각했습니다. 그래서 모든 급여를 주식에 투자했지요. 당분간은 꽤 수익을 봤지만 손해를 보는 일도 생겼고, 그게 딱히 안정적이라고 느껴지지는 않았습니다. 시장에 의해 자산 가격이 크게 오르고 내렸지요. 주식

책을 1권 읽든 100권 읽든, 결과가 다르지 않다고 생각됐습니다. 노력과 결과 사이의 선이 굵지 않다고 느껴졌습니다.

　삶을 더 안정적으로 꾸릴 수 있는 더 나은 방법이 없을까 고민하던 중 부동산이란 시장을 알게 됐습니다. 주식과는 다르게 실체가 있다는 안정감과 수익을 봤다는 수많은 사람들의 글도 보게 됐지요. 무엇보다 당시 제 생각에는 책을 1권 읽는 것과 100권 읽는 것에 확실한 차이가 있다고 여겨졌습니다. 그와 같은 이유로 저는 부동산에 깊이 빠지게 됐어요. 주말마다 수업을 들으며 경매, 상가, 분양권, 재개발 등 다양한 공부를 해나갔습니다. 공부를 할수록 부동산은 제가 생각한 '안정적인 자산'으로 제격이었습니다. 당시의 부동산 시장은 개집을 사도 오른다고 할 만큼 뜨거웠고 저는 서둘러 그 대열에 합류했지요.

　분위기는 무르익었습니다. 지방 분양권으로 수천만 원을, 그리고 갭 투자로 연봉의 두 배가 넘는 수익을 실현하기도 했어요. 저는 부동산이 최고의 자산이라는 스스로의 논리와 몇 년 안에 부자가 된다는 강사들의 프레임에 깊이 빠져들었습니다. 그리고 강한 확신은 더 과감한 행동으로 이어졌어요. 가능한 대출을 모두 끌어모으고, 지인에게 수억 원을 빌리는 등 투자 규모를 최대로 늘렸습니다. 그렇게 모든 것들이 **장기로 우상향을 그리는 자본의 단단함** 위에 안정적으로 세워져 있다 믿었어요.

　하지만 그건 저의 착각이었습니다. 부동산 시장은 세금 폭탄과 역전세를 맞으며 빠르게 악화됐어요. 주식의 주가 창이 몇 초 단위로 움직이는 건 자산의 가벼움을 뜻한다 생각했습니다. 하지만 침몰하는 시장에서 그건 경고였고, 무언가 잘못 돼 간단 걸 감지할 수 있는 **외침**이었어요. 자산이 무겁다는 부동산의 장점은 하락 장에선 너무나 큰 단점이 됐고, 그 하중을 버틸 수 있는 이들은 많지 않았습니다. 정신을 차려보니 부동산 등기들이 어느새 저의 목을 죄어 오고 있었어요.

'뭐가 문제였을까'. 투자가 잘될 때 호기롭게 계약한 외제 차를 팔고 중고차를 사서 끌고 오는 길에 생각했습니다. 하지만 쉽사리 답이 나오진 않았어요. 그렇게 책을 100권 보면 부동산 투자에 실패하지 않을 거란 생각은 순전히 제 오만이었다는 걸 깨달았습니다. 주식이든 부동산이든, 시장이란 거대한 흐름 앞에서 절대적으로 안전한 자산이란 어디에도 존재하지 않았어요.

그러던 와중에 세무사 일을 하는 지인과 식사를 하게 됐습니다. 투자 모임에서 알게 된 그 지인은 개인 사업자와 법인들의 세금을 관리했어요. 그러다 보니 사람들이 어떻게 돈을 버는지 잘 알고 있었습니다. 지인은 힘들어하는 제게 몇 가지 이야기를 들려줬는데 그건 굉장히 놀라웠습니다. 제 상황이 어렵다 보니 세상의 모든 이들이 힘들 줄 알았는데 그렇지는 않았던 겁니다. 어려운 시기임에도 꾸준히 좋은 수익을 올리는 사람들이 있었습니다. 그들의 삶은 제가 아는 어떤 이들보다도 안정적이었지요. 그 사람들은 누구였을까요? 바로 강의를 하는 사람들이었어요. 아이러니하게도 투자 고수라며 강의를 하는 사람들도 투자 자체보다는 강의로 더 큰 돈을 벌고 있었지요.

그 이야기는 제게 충격적으로 다가왔어요. '이게 도대체 어떻게 된 걸까. 내가 뭘 놓친 걸까. 그들과 나는 뭐가 달랐을까.' 생각했죠. 그런 고민 끝에 세상 가장 안정적인 자산은 부동산도, 주식도 아닌 바로 '사람' 자체라는 걸 깨달았어요. 많은 이들이 금융 자산에만 모든 걸 쏟아붓고 있을 때 자신에게 투자한 사람들이 빛을 봤던 겁니다. 투자 격언 중에 계란을 바구니에 나눠 담으라는 말은 우리 자신에게도 해당이 됐던 거예요. **시간과 에너지란 자산을 '우리라는 바구니'에도 투자해야 했던 겁니다.**

물론 당장 강의를 해야겠다고 결심했었다는 건 아닙니다. 그건 단기간에 할 수 있는 게 아니니까요. 하지만 회사만 다녀서 잘 살 수 없다는 걸 알게 됐을 때, 금융 자산에만 힘을 쏟아선 안 된단 걸 알게 된 것이죠. 우리에게 투자를 한다는 것. 그건 결국 콘텐츠를 만들어 간다는 말이었어요. 전자책을 쓰든, 강의를 하든, 나를 상품화할 수 있도록 준비하는 게 변수 가득한 삶에서 안정을 꾀하는 방법이었던 겁니다.

하지만 여기까지 생각이 미치자 또 다른 고민이 생겼습니다. '나는 콘텐츠로 만들 게 없는데? 저 사람들은 특별해서 그랬던 게 아닐까? 그리고 어떻게 시작해야 할지 모르겠는데.'라는 생각들이었지요. 그리고 곧 유명한 강사들의 처음이 궁금해졌습니다. 분명 그들에게도 처음이 있었을텐데, 그 '첫 발'은 어떤 모습이었을지 말입니다. 그래서 당시 인기가 많던 강사들의 발자취를 검색해 봤어요. 약간의 시간을 들인 끝에 인기 강사가 되어 있는 이들의 처음이 어땠는지를 보게 됐습니다. 그건 어땠을까요? 우리와 많이 달랐을까요? 그렇지는 않았습니다. 그들의 처음도 우리와 같이 미래에 대한 불안과 막막함으로 가득했습니다. 삶을 바꾸고 싶지만 그렇지 못하는 것에 대한 걱정과 단돈 30만 원만이라도 부수입을 올리면 좋겠다는 소박한 바람들이 쓰여있었죠.

'Mr. Beast'라는 유튜버가 있습니다. 책을 쓰고 있는 시점 기준 약 2.8억 명의 구독자를 보유하고 있는 채널이에요. 이 유튜버는 얼마 전 인도의 음악 채널 T-Series를 넘어 전 세계 유튜브 구독자 1위를 달성했습니다. 그럼 이 유튜버의 처음은 어땠을까요? 믿기지 않지만 그에게도 구독자가 많지 않을 때가 있었고, 약 수천 명이 채널을 구독할 때 이런 글을 남겼습니다.

"구독자가 적어도 1만 5천 명은 됐으면 해. 그게 미래의 내 모습이야. 6개월 안에 내 채널의 구독자가 2만 명 정도로 말도 안 되게 많아진다면 얼마나 근사할까."

그는 현재 연간 약 9,000억을 벌고 있다고 합니다. 너무나 안정적이지 않나요?

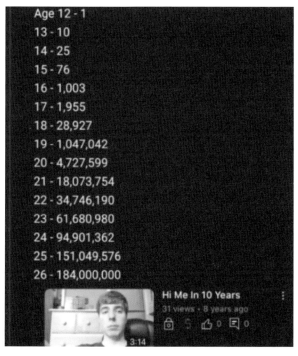

사진2. Mr. Beast의 활동 초기 SNS 글

우리도 우리만의 콘텐츠를 만들 수 있습니다. 그리고 그건 어떤 형태가 되든 상관없어요. 직장에서 느낀 이야기를 블로그에 올릴 수도 있고, 아이와 함께 한 일상을 영상으로 찍어 인스타에 올릴 수도 있습니다. 장난삼아 그린 낙서가 이모티콘이 되기도 하고 울적한 마음을 달래려 써 내려간 글들로 브런치 작가가 될 수도 있어요. 세무사 지인에게 들은 안정적인 수입을 올리는 강사들 또한 그런 작은 노력들로 시작했을 겁니다.

그렇게 자신에 대한 투자를 해오던 것들이 연결되고, 합쳐지면서 어느 정도 시간이 지나 수확을 거둬들였을 겁니다. 우리도 그렇게 **스스로를 우량 자산으로 만들어야 합니다.** 물론 우리가 만들어 낸 콘텐츠도 시장 상황에 따라 빛을 잃거나 쓸모가 없어질지도 몰라요. 하지만 회사와 같이 누군가 짜놓은 판에서 시키는 것만 하는 게 아니라 자신이 판을 짜고 무언가를 생산해 보는 경험은 필요합니다. 그건 분명 변수 가득한 자본 시장에서 가장 안전한 투자 상품이 되어 줄 겁니다.

오리엔테이션

부르크쓰: 안녕하세요, 두 분 모두 퍼스널 브랜딩을 위한 여정을 함께 하게 된 것을 환영합니다.

수강생들: 네, 안녕하세요. 반갑습니다.

부르크쓰: 네. 오늘부터 4주간 여러분들만의 브랜드를 찾고, 전자책을 쓰기 위한 수업을 해볼 거예요. 다들 준비되셨나요?

수강생A: 사실 별로 준비가 안 된 것 같아요. 다들 자기 계발을 하고 브랜딩이 중요하다고 하니까 신청을 하기는 했는데, 제가 퍼스널 브랜딩을 할 수 있을 것 같지는 않아서요. 저는 그냥 평범한 사람이거든요.

수강생B: 실은 저도 그래요. 저는 그냥 보통의 주부인데, 집에서 육아만 하는 사람이 무슨 브랜딩을 할 수 있을까요? 그런 건 인스타에 나오는 예쁘고 늘씬한 사람들이 하는 것 같은데 말이죠.

부르크쓰: 네, 두 분의 생각 잘 들었습니다. 조심스럽게 말씀을 드리자면, 그렇게 말씀하셨던 분들 대부분이 4주가 지난 뒤엔 각자의 브랜딩 방향을 잡아가셨어요. 물론 제한된 시간에 완성된 브랜딩을 완성하기는 어려울 수 있습니다. 하지만 최소한 **어느 지점을 향해 달려가야 할지는 충분**

히 알 수 있습니다. 그분들 중 전자책을 쓰는 것은 물론이고, 종이책 계약을 하시거나 이모티콘 작가가 되신 분도 있고, 북 콘서트를 하신 분도 있어요. 여러분들께서 갖고 계신 생각을 바로잡아 드리면, 퍼스널 브랜딩이 꼭 특별한 사람만을 위한 것은 아니에요.

수강생A: 분명 평범한 사람들이 그렇게 됐다면 신기하긴 하네요. 하지만 그들에게도 사실은 특별한 부분들이 있던 게 아닌가요?

부르크쓰: 꼭 그렇지는 않아요. 정확히 말하면 조금의 특별함이 있기는 합니다. 하지만 그게 타고난 재능 같은 건 아니에요. 선천적인 재능을 갖고 브랜딩을 하는 사람들도 있지만 우리가 추구하는 건 그런 게 아닙니다. 세상엔 그런 종류의 브랜딩만 있는 건 아니에요. 여러분도 자신의 내면을 잘 들여다볼 수 있다면 **세상과 연결할 수 있는 작은 특별함을 발견하시게 될 거예요.**

수강생B: 그렇군요. 그치만 저희가 전자책을 쓸 수 있을까요? 저는 가끔 블로그를 쓰기는 하지만 개인적인 일기 같은 느낌이고 글 쓰는 게 두렵거든요. 그런 제가 책을 쓸 수 있을지 걱정이네요.

부르크쓰: 물론 그러실 수 있어요. 하지만 여러분이 쓰려는 책이 문학적인 가치가 높거나 필력이 굉장히 뛰어나야 하는 것은 아닙니다. 제가 안내해 드린 대로만 따라 한다면 충분히 멋진 전자책을 쓸 수 있어요. 또, 전자책의 형태를 빌려 콘텐츠를 완성하겠지만 더 중요한 부분은 자신의 내면을 들여다보는 것입니다. 그 과정은 브랜딩을 하는 데 있어 한번은 반드시 거

쳐야 해요.

수강생A: 어떤 의미에서 그렇죠?

부르크쓰: 무언가 발전적인 걸 하려는 사람들은 그에 대한 힌트를 외부에서 찾습니다. 그건 책이나 강의와 같은 권위 있는 사람의 정보이거나 아니면 유행하는 핫한 브랜딩 방법일 수도 있어요. 하지만 그게 우리에게 매번 정답을 가져다주지는 못해요. 참고할 수는 있겠지만 우리 각자에게 맞는 본질적인 방향은 제시해 주지 못합니다. **결국에는 우리 자신으로부터 발견한 것들을 따라가야 해요.** 여러분이 자신만의 콘텐츠를 쉽게 발견할 수 있도록 제가 단계별로 질문을 드릴 겁니다. 답변을 하는 게 어려울 수 있지만, 이는 2주 차 수업에서 브랜딩 소재를 조합하는 데 쓰일 귀중한 내용이 될 테니 최대한 상세하게 작성해 주세요. 그럼 모두 다음 주에 뵐게요.

시제	항목	질문
과거	경험	1. 살면서 가장 아프거나 슬펐던 경험은?
		2. 고난의 경험은? 극복했던 방법은?
		3. 가장 기억에 남는 도전은?
		4. 가장 기억에 남는 성취는?
현재	성향(좋아하는 것)	5. 혼자 있을 때 주로 시간을 보내는 일은?
		6. 유튜브/인스타 알고리즘에 주로 뜨는 것은?
		7. 가장 몰입이 잘 될 땐 무엇을 할 때인지?
		8. 오랫동안 했던/하고 있는 취미는?
		9. SNS/블로그를 한다면 주로 쓰는 글의 주제는?
		10. 책장이 있다면 어떤 주제의 책이 많이 꽂혀있는지?
	직업	11. 현재 하는 일, 또는 과거에 해봤던 일은?
		12. 자격증이 있다면 무엇인지?
	강점	13. 남들이 잘한다고 말하는 거나 도움을 청하는 일은?
		14. 남들에 비해 배우는 속도가 빨랐던 일은?
		15. SNS를 한다면 쓰는 글 중 반응이 좋은 주제는?
		16. 남들에 비해 예민한 것은?
미래	동경	17. 다시 태어난다면 해보고 싶은 일은? 그 이유는?
		18. 당장 6개월 후에 죽는다면 무슨 일을 해보고 싶은지?
		19. 돈을 벌지 않아도 된다면 무엇을 하고 싶은지?
		20. 1가지 일에선 절대로 실패하지 않는다면, 무얼 하고 싶은지?
	목표, 꿈	21. 반드시 이루고 싶은 목표는? 또는 이루고 싶었던 목표는?
		22. 생각하면 가슴 뛰게 하는 것이 있는지?

콘텐츠 발굴:

자기다운 것이 가장 대중적인 것이다

01

잘되는 콘텐츠에는 이유가 있다

콘텐츠라는 건 뭘까요? 본격적으로 알아보기 전에 제 이야기를 짧게 해보겠습니다. 저는 꽤나 활달한 아이였어요. 학급 임원도 도맡아서 하고, 친구들이 모인 자리에 빠지지 않는 성격이었습니다. 하지만 중학교에 입학했을 무렵, 아버님은 사업에 실패를 하셨고 저는 다른 곳으로 이사를 가게 됐어요. 그렇게 사춘기와 함께 찾아온 환경의 변화는 어린 제가 감당하기엔 버거웠고, 점점 소극적인 성격으로 변해갔지요. 학교에서 혼자 있고 싶진 않았지만 누구에게 먼저 말을 붙이지 못했습니다. 쉬는 시간, 점심시간, 등굣길, 그리고 하굣길. 모든 시간들이 고민과 망설임의 연속이었습니다.

이런 상황이라면 여러분은 어떻게 하셨을 것 같나요? 지금 생각하면 별문제가 아닐 수도 있지만 당시 제게는 큰 문제였습니다. 아이들에겐 학교가 우주처럼 여겨지니까요. 보통의 경우라면 먼저 다가가 친구를 만들거나 혼자 있는 것에 적응하는 것 정도의 선택지가 있었을 겁니다. 하지만 저는 조금 다르게 접근했습니다. 쉬는 시간이 되면 칠판 앞으로 가 한 손을 주머니에 찔러 넣고는 아이들을 지켜봤죠. 그러다가 누군가 주위를 지나가면 멈춰 세우며 말을 했어요.

"야."

"뭐야!?"

"응. 이거 먹어."

그렇게 주머니에서 꺼낸 건 간식거리였습니다. 사탕, 카라멜, 젤리 같은 것들이요. 동네 슈퍼에서 흔하게 파는 게 아니라 무려 **수입 과자**들이었는데, 당시에 그런 게 흔하지 않았습니다. 저희 어머니는 동네에서 미용실을 하셨는데, 가게 한쪽 구석에 화장품이며 수입 과자와 같은 돈이 되는 것들을 떼어다 파셨거든요. 그래서 몰래 간식 한 움큼씩을 가지고 갈 수 있었던 것이죠. 그 덕분에 조금은 쉽게 말을 붙일 수 있었습니다. 개중엔 좋은 놈이라며 호감을 보이는 아이도 있었고, 또 없냐며 먼저 말을 붙여 주는 친구도 생겼어요. 그렇게 저는 새로운 환경에 힘들지 않게 적응할 수 있었습니다.

주머니 속에서 꺼낸 먼지 묻은 카라멜 한 조각. 생각해 보면 그게 제가 세상에 내놓은 첫 번째 콘텐츠였던 것 같습니다. 그런 게 무슨 콘텐츠냐고 할 수도 있겠지만 콘텐츠가 꼭 유튜브 영상이나 인사이트를 담은 책이어야 하는 건 아니에요. **무언가를 나누고자 하는 마음**이 깔려 있다면 그것만으로 충분합니다. 그렇게 나눌 것이 있고, 누군가 원하는 사람이 있다면 **콘텐츠의 최소 요건**은 성립이 됩니다. 이게 콘텐츠를 자세히 다루기 전에 여러분께 가장 말씀드리고 싶은 거예요. 누군가를 돕거나 문제를 해결해주려는 마음을 갖는 것. 그리고 콘텐츠가 그리 특별한 것이 아니라고 인식하는 것. 이게 브랜드를 찾아 떠나는 우리의 여정에 의미를 부여하고, 발걸음을 가볍게 해줄 겁니다.

그럼 이제 본격적으로 콘텐츠가 어떻게 생겼는지 함께 알아보겠습니다. 세상의 모든 콘텐츠는 다음과 같은 구조를 갖고 있습니다.

'누가(A: 주체) + 알려주는 + 내용(B: 주제)'

쉽게 말해 주체와 주제가 콘텐츠를 이루는 것이 기본 구조라는 말이죠. 이해하기 쉽게 사례를 한번 들어보겠습니다.

[도서] **세이노의 가르침** 피보다 진하게 살아라
세이노(SayNo) 저 데이원 2023년 03월
6,480원 (10% 할인) Ⓟ 360원
판매지수 1,477,500 회원리뷰(2,243건) ★★★★★ **9.0**
5/21(화) 도착예정

#올해의책   #성공신화   #성공하고싶다면   #삶이고민될때   #인생지침서

사진3. YES24 중 「세이노의 가르침」 도서 정보

오랜 기간 베스트셀러로 머물던『세이노의 가르침』은 어떤 구조를 갖고 있을까요?

'천억 원대 자산가가(A) + 알려주는 + 부의 실체와 제대로 사는 법(B)'

『세이노의 가르침』은 위와 같은 구조를 가졌다고 할 수 있습니다. 책들은 대중의 선택을 받거나 직관적인 이해를 불러일으키기 위해 다양한 제목을 취하고 있어요. 하지만 그걸 주체(A), 즉 저자와 주제(B)로 분해해서 살펴보면 결국 위와 같은 중심 구조를 갖고 있습니다. '누군가 들려주는 이야기', 또는 '누군가 알려주는 특정 주제에 대한 것'이란 형태를 하고 있는 거죠. 그럼 이제 뭘 해야 할까요? 우리들 각각은 **콘텐츠를 구성하는 A(주체)와 B(주제)에 무엇을 넣고 조합할 수 있을지** 살펴봐야 합니다.

주체와 주제라니, 무슨 이야기인지 어렵죠? 간단하게 정리하자면 다음과 같습니다.

- 주체(A): 어떤 삶을 살아왔고, 어떤 직업을 가졌으며, 어떤 서사를 지녔는지
- 주제(B): 무엇에 관심이 있고, 무얼 좋아하며, 무엇에 대해서 이야기할 수 있는지

위와 같이 **주체(A)에는 우리가 살아온 삶에 대한 내용과 해왔던 일, 그리고 어떤 경험을 지녔는지 넣을 수 있습니다. 주제(B)에는 우리의 관심**

사와 좋아하는 것, 그리고 관심 있어 하는 것에 대해 이야기할 수 있지요. 지금 이 책을 읽는 모든 분들에겐 각자의 서사가 있고, 설명할 수 있는 주제가 있습니다. 물론 스스로는 아니라고 말씀하실 수 있어요. 평생을 콘텐츠를 소비만 하면서 살다가 생산을 한다는 게 낯설 수 있습니다. 하지만 그 콘텐츠라는 것이 꼭 이목을 끌 만한 반짝이는 것이거나 누군가 생각하지 못한 특별한 게 아니어도 됩니다. 삶이나 직장에서 얻은 경험을 담을 수도 있고, 아니면 정보를 한데 모으거나 보기 좋게 정리하는 것만으로도 콘텐츠가 될 수 있답니다.

이를 단적으로 보여주는 예시를 한번 들어 보겠습니다. 여러분이 만약 서점에서 초보용 골프책을 발견했다고 해볼게요. 그리고 내용을 살펴보기 전에 예상을 해보겠습니다. 그 책엔 어떤 내용이 담겨 있을 거라고 생각이 되시나요? 아니, 어떤 내용이 '담겨 있어야 한다'고 생각을 할까요? 대부분은 아마 그럴싸한 내용을 예상할 겁니다. 저자는 유명한 선수는 아니어도 프로 자격증이 있어야 할 거라고 생각이 될 거예요. 내용으로는 일반인은 생각할 수도 없는 깊은 스킬, 어느 외국 필드에서의 투어에서 얻은 심오한 깨달음이 들어있을 것만 같습니다.

하지만 많은 판매량을 기록한 것으로 알려진 전자책 『골프 백돌이 지금 당장 20타 줄이는 핵심 비법서』를 보면 예상과는 다른 내용을 볼 수 있습니다. 우선 저자는 프로 골퍼가 아니고 본업이 있는 일반인입니다. 내용도 생각보다 가벼운 것들이 담겨 있어요. 골프를 시작하고 첫 라운딩은 언제쯤 가야 하는지, 어떤 사람과 함께 가야 하는지, 공을 칠 차례가 됐을 때 카트에서 왜 여러 개의 골프채를 들고 가야 하는지 등 그렇게까지 특별하지 않은 내용이 들어 있습니다. 그럼에도 이 책은 꽤 높은 평점과 긍정적인 리뷰를 받고 있어요. 전자책으로는 적지 않은 가격임에도 불구하고 말이죠

어떤가요? 이 정도 내용이라면 '나도 한번 써볼 수 있겠는데?'라는 생각이 들지 않나요? 이처럼 우리가 생각하는 콘텐츠와 실제로 독자가 필요로 하는 내용 간에는 꽤나 큰 차이가 있습니다. 독자 중에는 분명 중수와 고수가 아닌 초보도 있는데, 작가는 반드시 고수여야 한다는 관념이 강하죠. 물론 고수가 초보부터 고수까지를 모두 만족시킬 수도 있습니다. 하지만 그들이 초보였을 때는 이미 오래된 일이기에 트렌드가 달라졌을 수 있고, 기억에서 생생함이 사라졌을 수도 있어요. 그렇기 때문에 수요와 공급이 맞지 않는 부분, 즉 초보들을 위한 책을 쓸 사람이 부족합니다. 그리고 그런 부분들은 출판 과정이 간편하고, 비교적 허들이 높지 않은 전자책이 메울 수 있습니다.

만약 누군가 전자책으로 작은 성공을 거둔다면 그건 꼭 콘텐츠의 특별함 덕분이 아닐 수 있습니다. 배움을 시작한 이들이 무엇을 궁금해할지 알아차릴 수 있는 **공감 능력** 때문일 겁니다. 거기에 초보들에게 눈높이를 맞출 수 있는 **세심함**과 자신과 같은 시행착오를 겪지 않았으면 하는 따뜻한 마음이 있었을 겁니다. 콘텐츠의 성공은 이게 전부라고 해도 지나치지 않

아요. 독자가 될 이들의 머릿속에 들어가 보고, 그들이 필요로 할 이야기를 쉽게 담아내는 것 말이죠. 어떤가요? 여러분도 누군가에게 해주고 싶은 이야기가 있지 않나요? 어서 다음 페이지를 넘겨보시죠. 세상 어딘가엔 누군가 우리 이야기를 애타게 기다릴 수도 있으니까요.

02

자기만의 서사에 집중하라

여러분의 브랜딩 소재를 파악하기 위한 이야기를 해보겠습니다. 말씀드렸듯이 모든 분들에겐 각자의 서사가 있고, 설명할 수 있는 주제가 있어요. 그리고 그걸 파악하기 위해서는 우리의 과거와 현재, 미래를 살펴봐야 합니다. 그중에서도 서사는 과거를 들여다보며 발견하게 되는 경우가 많아요. 이 챕터에서는 자신의 서사에서 브랜딩 소재를 발견한 사례와 질문들을 통해 여러분의 서사를 발견할 수 있도록 해보겠습니다.

우선 이해를 쉽게 하기 위해 소재를 도식화해서 보여드릴게요.

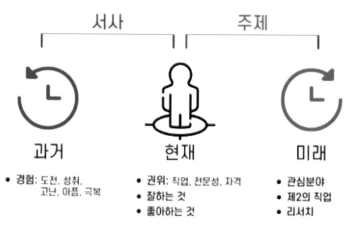

사진4. 개인으로부터 끌어낼 수 있는 소재

브랜드를 구성하는 주체(A)와 주제(B) 중 과거에서 발견하는 서사는 주체에 쓰이기 쉽습니다. '무엇무엇을 해 본 사람'에 대한 소재를 발견하게 되는 셈이죠. 예를 들면 이혼 가정에서 자란 사람이라거나 어릴 때 산에서 조난을 당했던 경험이 있는 사람 등을 말할 수 있을 겁니다. 아니면 여러 나라를 떠돌며 배낭여행을 했던 것처럼 무언가에 도전했던 경험이나 성취에 대한 이야기가 될 수도 있습니다. 그게 무슨 서사냐고 말할 수 있지만 그게 꼭 특별할 필요는 없어요. 일반 사람들이 겪었을 법한 이야기이지만 누군가에게는 의미가 있는 부분, 평범함 속에서 작은 특별함을 발견하는 과정이라고 생각하고 가벼운 마음으로 자신을 들여다봐야 합니다. 물론 서사 자체로 충분한 이야깃거리가 된다면 그 자체로 주제(B)가 되는 경우도 있어요.

이렇듯 우리는 과거에서 서사를 발견할 겁니다. 그리고 그건 단순한 경험이거나 아니면 조금 어두운 부분일 수 있습니다. 우리는 과거에는 어려웠지만 현재는 괜찮아졌고, 앞으로는 그것을 극복한다는 이야기 전개 구조에 익숙하거든요. 과거에는 좋았지만 점점 나빠지는 이야기는 크게 관심을 받기가 어려울 겁니다. 삶에서는 좋은 일과 그렇지 않은 일들이 함께 생겨나요. 좋은 일들만 가득했으면 좋겠지만 그럴 수는 없지요. 하지만 그나마 다행인 건 우리의 어려움이 아예 쓸모가 없지는 않다는 겁니다.

고 박경리 저자는 한국 전쟁 때 남편이 행방불명되고 아들을 잃었다고 합니다. 그런 극심한 불행 속에서 슬픔을 달래기 위해 글을 쓰기 시작한 것이 『토지』라는 한국 최고의 장편 소설이 됐죠. 만약 삶을 결정할 수 있다면 그런 상상하기도 힘든 아픔 따위는 고르지 않았을 겁니다. 하지만 우리가 할 수 있는 최선은 일이 벌어졌을 때 그것을 받아들이는 방식을 결정하는 거죠. 박경리 저자는 슬픔에 빠져 지내기보단 극복하는 방법을 택했고, 이는 다른 이들에게 희망이 됐습니다. 이와 같이 누군가의 상처는 사람들에게 희망이 되기도 합니다.

퍼스널 브랜딩 수업을 했던 분 중에서도 비슷한 사연이 있었습니다. 그분은 젊은 나이에 부모님 두 분을 암으로 잃었어요. 그리고 아이가 세상에 너무 빨리 나와 무지개다리를 건너는 큰 아픔을 겪게 됩니다. 슬픔은 거기에서 끝나는 줄 알았지만 다시 얻은 아이가 중학생 때 중병에 걸리게 돼요. 하지만 이런 어려운 일들이 계속해서 찾아왔음에도 그분은 절망하지만은 않았습니다. 더 나은 치료법을 찾기 위해 노력하고 아이가 힘을 낼 수 있도록 편지를 쓰며 희망을 심어줬죠. 그런 노력 끝에 아이는 건강해졌고 평범한 일상을 되찾았습니다. 그것도 아주 건강해져서 체대에 입학하게 돼요.

이제 그분은 자신의 사연을 가다듬어 글을 쓰고 있습니다. 비슷한 아픔을 가진 이들, 그리고 용기가 필요한 이들을 위해 블로그에 글을 쓰다가 책을 만들기로 했죠. 그렇게 누군가를 위하는 마음으로 준비한 원고는 출판사들의 선택을 받았고 곧 출간을 앞두고 있습니다. 전자책으로 도전을 할 수도 있지만 조금 더 큰 도전을 하신 거죠. 여러분도 그분과 같이 종이책에 도전할 수도 있지만 우선은 첫 단계로 전자책을 도전해보시는 걸 권해 드립니다. 첫 번째 목표는 너무 높아서는 안 되니까요.

그의 사례에서 알 수 있는 건 중요한 부분은 이것입니다. **평범한 사람도 자신의 이야기를 바탕으로 콘텐츠를 만들 수 있다는 것.** 자신에겐 별것 아닌 것처럼 느껴지는 경험, 그저 어둡기만 했던 과거의 상처들도 누군가에게는 필요한 이야기가 될 수 있다는 겁니다. 평범한 서사여도 괜찮아요. 중요한 건 우리가 주제로 삼을 것과 비슷한 결로 이루어져야 한다는 거예요. 그리고 거기에 남에게 도움이 되려는 마음까지 더해진다면 그것만으로 충분한 콘텐츠의 소재가 될 수 있어요.

이를 보면 불행이 꼭 불행스럽기만 한 것은 아닙니다. 삶을 선택할 수 있다면 아픈 일들을 고르지 않겠지만 불행한 일이 벌어졌다면 '거기서 어떻게 해야 할 것인가'를 생각해야만 해요. 삶이 우리에게 먹기 힘든 레몬을 준다면 '수박도 있고 사과도 있는데, 왜 하필 레몬이지?'라며 괴로워할 수 있습니다. 하지만 레몬이 주어진 걸 바꿀 수 없다면 그걸로 레몬 에이드를 만들 수도 있어요. **그게 우리가 삶에게 보일 수 있는 최소한의 적극성입니다.**

그럼 우리는 스스로로부터 어떻게 서사를 끌어내야 할까요? 위와 같이 아픔을 멋지게 승화시킨 사연을 들어봐도 막상 우리에게 적용하는 건 쉽지 않습니다. 기존에 가져왔던 생각을 쉽게 벗어나지 못하기 때문이죠. 그렇기 때문에 기존의 생각들을 바꾸는 연습이 필요합니다. 그건 자신에게 몇 가지 던져보는 것으로 가능합니다. 이와 같은 방식이 낯설 수도 있지만 그만큼 삶에서 자신을 돌아볼 시간이 없었다는 뜻이니 최대한 구체적으로 답을 적어 보시길 바랍니다.

1) 아픔: 살면서 가장 아프거나 슬펐던 일은?

과거에 아픔을 겪었던 일들은 우리에게 아주 중요한 사건이에요. 여러분의 성격이 만들어지는 데에는 물론 무엇을 중요시하는지에 대한 가치관 형성에도 영향을 미쳤을 거고요. 그렇기 때문에 그것을 이해하는 건 브랜딩을 할 때 빼놓을 수 없는 '우리는 왜 이런 사람이 되었나'의 질문에서 중요한 정보가 됩니다. 지난 아픔을 들추어내는 것은 어려운 일이지만 이를 통해 우리 자신을 치유할 수도 있고, 그 아픔이 누군가의 희망이 될 수도 있습니다.

2) 고난: 살면서 가장 어려웠던 시기는? 이를 극복했던 방법은?

평온한 바다는 결코 유능한 뱃사공을 만들 수 없다는 속담이 있어요. 이처럼 과거의 고난은 여러분을 더 단단하게 하거나 반대로 어떤 부분에 취약한지를 알 수 있게 할 겁니다. 고난을 극복해 무엇인가를 남겼다면 이를 통해 브랜딩의 서사로 활용이 될 수 있어요. 고난을 극복하지 못했다 하더라도, 그 사건을 들여다보며 여러분에 대한 좀 더 입체적인 이해를 할 수 있습니다.

3) 도전: 실패 여부와 무관하게 겪었던 일 중 가장 도전적이었던 일은?

무엇인가에 도전했던 경험은 자신이 가진 능력을 넘어서 지속적으로 발전하고자 한다는 긍정적인 이미지를 형성해 줍니다. 안전한 선택을 넘어 더 큰 목표를 추구하는 모습은 여러분의 퍼스널 브랜드에 훌륭한 소재가 되어주고요. 반드시 성공했던 경험이 아니어도 됩니다. 오히려 실패를 경험하더라도 다시 일어서 도전하는 모습이 좀 더 많은 응원을 받을 겁니다.

4) 성취: 성취해 본 일들 중 가장 기억에 남는 일은?

성취의 경험은 여러분의 능력을 드러내는 강력한 도구입니다. 또한, 삶에서 인상 깊었던 성취의 경험은 브랜딩 주제를 선정함에 있어 스토리텔링의 요소가 될 수 있지요. 성취는 한 가지 완료된 경험이 아닌 더 큰 목표를 향한 과정의 일부로 보일 수 있기 때문에 중요하게 다뤄지는 질문입니다. 대단한 것이 아니어도 됩니다. 대학 체육대회에서 우승을 한 경험이나 성적 부진으로 힘들어했지만 노력을 통해 극복했다는 작은 경험들도 여러분의 기질을 보여 줄 수 있는 훌륭한 브랜딩 소재입니다.

03

좋아하는 것에 힌트가 숨겨져 있다

유명한 트위터 글 중에 공부란 '머릿속에 지식을 쑤셔 넣는 행위'가 아니라 '세상의 해상도를 높이는 행위'라는 말이 있습니다. 뉴스의 배경 음악에 불과했던 닛케이 지수가 의미를 지닌 숫자가 되거나 외국인 관광객의 대화를 알아들을 수 있게 되거나 단순한 가로수가 '개화 시기를 맞이한 배롱나무'가 되는 것이 그런 예라고 하죠. 이 말을 듣고 나서 생각을 해봤습니다. **'세상의 해상도를 높이는 것이 공부라면, 나는 나에 대해 충분히 공부가 되어 있을까? 나에 대해 선명한 해상도를 갖고 있을까?'**하고 말이죠.

우리는 우리라는 사람으로 수십 년을 살아왔지만 정작 스스로에 대해 그렇게까지 잘 알지 못합니다. '뭘 좋아하세요?'라는 질문에 쉽게 대답할 수 있는 사람은 많지 않아요. 그리고 퍼스널 브랜딩에 대해 고민을 할 때에는 추가로 '무엇을 잘하세요?'라는 질문을 생각해 봐야 합니다. 퍼스널 브랜딩이란 우리 콘텐츠에 가격을 붙여 파는 것을 의미하는데, 단순히 좋아하는 것을 넘어서는 접근이 필요할 때가 있거든요. 그렇기 때문에 여러분이 무엇을 잘하는지 들여다볼 필요가 있습니다. 하지만 그건 쉽지는 않아요.

제가 운영한 퍼스널 브랜딩 모임에 참여했던 분 중에도 비슷한 사례가 있었습니다. 그는 열정과 의지가 가득했지만 자신이 무엇을 잘하는지는 알지 못했죠. 그러던 중 서점에서 에세이 책들의 표지가 귀엽다는 걸 알게 되고는 표지를 직접 그려보고 싶다는 생각이 들었다고 해요. 그리곤 그날 저녁 집으로 가 어릴 때 쓰던 노트에서 낙서처럼 그려 둔 그림들을 찾아냅니다.

그건 곰 그림이었어요. 그때부터 그는 그 곰 그림을 가다듬어 SNS에 올리기 시작했습니다. 거기엔 꽤나 큰 용기가 필요했지요. 그는 그림을 전공하지도, 어디서 배워 보지도 않았으니까요. 아니나 다를까 '이건 돼지를 그린 건가요?'라는 댓글이 달렸고, 그 밑에는 '이 정도는 나도 그리겠다.'라는 반응도 달렸죠.

하지만 그는 그런 댓글에 크게 흔들리지 않았다고 합니다. 남들 같으면 글을 삭제하거나 그만둘 법도 한데, **왜인지 모르게** 그러고 싶지 않았다고 해요. 자신이 볼 때 그 그림은 꽤나 귀여워 보였기에 비방 댓글에 '아니요, 이건 곰이에요. 하하.', '그래요? 나한테는 이게 최선이에요. 하하하.'라고 답글을 달았다고 해요. 그 정도의 비웃음에 오랜만에 발견한 '몰입하고 싶은 대상'을 다시 먼지 쌓인 노트 사이로 밀어 넣기는 싫었던 것 같아요.

그렇게 그는 곰 그림을 계속해서 올렸습니다. 조롱 섞인 댓글 사이에 꾸준하다는 댓글이 생겼고, 조금씩 발전하는 그림 실력에 귀엽다는 반응도 달리기 시작했죠. 조금 더 시간이 지난 뒤에는 '이모티콘으로 그려봐도 되겠다.'라는 댓글이 달렸어요. 그 길로 이모티콘 강의를 신청했죠.

그때로부터 불과 반년이 지난 지금, 그의 돼지인지 개인지 모를 곰은 어엿한 캐릭터가 되었습니다. 마플샵에서 굿즈가 판매되고 있고, LINE에 이모티콘으로 출시됐고요. 얼마 전엔 그 어렵다는 카카오톡 이모티콘으로도 출시가 됐습니다. 놀랍지 않나요? 그림을 제대로 배워보지도 않은 평범한 회사원이 이모티콘 작가가 됐다는 것이오. 그의 성공의 비결은 무엇이었을까요?

그림이 대단히 귀여웠기 때문은 아닐 수 있습니다. 물론 그의 곰은 많은 분들의 사랑을 받고 있지만 순전히 '귀여웠기 때문'은 아닐 거예요. 그것보다는 **'남들은 포기할 순간들을 넘어섰기 때문'**이라고 생각됩니다. 그는 몇 번의 지점들을 넘겼어요.

1) '이런 낙서 같은 곰 그림을 올려도 될까?'라는 고민이 들었을 때
2) '이건 돼지냐?'라는 댓글과 '이 정도는 나도 그리겠다.'라는 댓글을 받았을 때

3) 사람들 반응이 없었을 때

4) LINE 이모티콘에 떨어졌을 때

5) 카카오톡 이모티콘에 떨어졌을 때 X 2번

최소한 위의 다섯 번의 위기가 왔을 때, 다른 사람들은 하나둘씩 그림 올리기를 멈췄을 겁니다. 하지만 그는 그러지 않았죠. '될 때까지 하면 되지 뭐. 하하.'라며 툭툭 털고 다음을 준비했습니다.

그릿(GRIT)이라는 개념이 있습니다. 한국어에는 없는 단어지만 의역하면 '긍정적인 피드백이 없이도 무언가를 지속할 수 있는 능력' 정도로 해석할 수 있다고 하죠. 그리고 사회에서 원하는 것을 이루는 사람들은 지능이 높은 사람이나 뛰어난 강점이 있는 사람이 아니라 이 그릿이 있는 사람들이라고 합니다. 평범한 사람 같으면 포기했을 그 구간을 넘긴 건 그에게 그릿이 있었기 때문일 거예요.

강점이란 우리에게 있는 반짝이는 부분을 찾는 게 아닙니다. 그것보다는 남들이 포기할 만한 상황에 한 번 더 도전하고 싶은 열망을 만들어 내는 일, 거기에 바로 여러분의 강점이 담겨 있을 수 있어요. 다양한 일들에 도전하며 자신에 대한 해상도를 높여 진정한 강점을 발견하세요. 이를 통해 여러분의 콘텐츠는 더욱 빛이 날 수 있습니다.

그럼 이제 여러분의 강점을 찾을 수 있는 질문들을 던져보겠습니다.

1) 직업, 과거에 했던 일은? (근무 기간과 함께 상세히 작성)

하루에 8시간 이상을 수년간 했던 일은 우리의 훌륭한 강점이 될 수 있어요. 직장에서는 뛰어난 편이 아니었다고 해도 그 일을 직업으로 갖지 않은 누군가에게는 전문가로 여겨질 수 있지요. 직장에서 했던 일을 근무 기간과 함께 최대한 구체적으로 작성해 보세요. 예를 들어, 단순히 '제약회사 허가팀에서 근무했다.'가 아니라 '허가팀에서 유관 부서부터 필요한 서류들을 확보해 식약처가 요구하는 양식에 맞춰 서류를 수정한 뒤 제출하는 일을 했다.'와 같이요. 그래야 유관 부서와 함께 업무를 했기 때문에 협업 능력이 발달했다거나 서류를 규정에 맞게 갖추는 문서 작업 능력이 길러 졌다고 파악할 수 있어요.

2) 보유한 자격증이 있다면?

자격증을 갖고 있다는 건 객관적이고 훌륭한 강점이 될 수 있어요. 대단한 자격증이 아니더라도, 정부에서 공인한 자격이 아니어도 괜찮아요. 무언가를 학습하고, 관련 교육을 받았다는 것만으로도 누군가 봤을 땐 큰 강점으로 여겨질 수 있습니다. 갖고 있는 자격증이 있다면 그걸 연결 지어 어떤 콘텐츠를 기획할 수 있을지 살펴보세요.

3) 누군가 도움을 청하는 것, '너는 이걸 잘하는구나.'라고 말했던 것은?

자격증과 같은 객관적인 사항은 아니어도, 강점을 찾을 수 있는 가장 좋은 방법이에요. 때로는 남들이 우리가 가진 장점을 더 잘 알아봐 주기도 하거든요. 그런 부분이 가장 잘 드러나는 경우가 바로 누군가 우리에게 도움을 청할 때입니다. 대단한 전문가를 찾기 이전에 우릴 찾는 모습에서 초보를 대상으로 한 콘텐츠 기획의 직접적인 힌트를 찾을 수도 있어요. 누군가 우리에게 도움을 청하거나 잘한다고 이야기했던 게 무엇인지 떠올려보세요.

4) SNS 글 중 반응이 좋은 주제는?

SNS에 자주 올리는 글이 우리가 좋아하는 바를 알려 준다고 했어요. 그렇다면 그중 반응이 좋은 글은 우리의 강점을 나타낼 수 있습니다. 평소와 비슷하게 글을 써서 게시했는데 유독 좋은 반응이 있었다거나 글이 공유된 경험이 있는지 생각해 보세요. 그 글의 주제가 여러분의 강점을 말해주는 것일 수 있어요.

5) 영감을 주는 것들은?

우리의 마음을 움직이는 것들, 예를 들어 책, 사람, 경험 등이 있다면 이 또한 여러분의 강점과 가치관을 나타낼 수 있어요. 어떤 영화 속 주인공이 멋있어 보인다거나 유명인의 인터뷰를 보고 깊은 감동을 받는다는 건 우리의 생각이 투영됐기 때문이거든요. 이를 통해서도 현실적인 제약을 넘어 우리가 개발하고자 하는 강점을 찾아낼 수 있어요.

04

때로는 누구보다 유난스러워지자

여러분은 살면서 유난스럽단 이야기를 들어본 적이 있나요? 남들은 그냥 넘어가지만 도저히 넘어갈 수 없었던 부분 말입니다. 그 부분들은 예민하다고 하면서 깎여 나가기 쉬워요. 한국에서는 해장국 집에서 다대기만 빼고 달라고 해도 이모님들께 눈총을 받기 때문이죠. 우린 어릴 때부터 수업 시간에 질문을 많이 하면 별난 아이가 됐고, 연봉 협상 때 자신의 성과를 어필하면 주관이 강하다는 말을 들었습니다. 그렇게 만들어진 대로 따르게 하고 틀을 벗어나는 걸 문제 시 하는 분위기는 사회 전반에 깔려 있어요. 최근에는 참여를 유도하는 부분들이 생겼다고 해도 여전히 남아있죠. 그렇게 평균으로 수렴할 것을 강요하는 분위기에서 우리는 자신도 모르게 우리를 조금씩 잃어왔는지 모릅니다.

하지만 삶에서 그렇게 타협해서는 안 되는 부분이 있어요. **우리라는 정**

75

체성을 구성하는 문제. 다른 이들과 내가 구분될 수 있는 부분. 그리고 내가 나로서 존재할 수 있게 하는 것들이 바로 그런 것이지요. 주변 사람 모두가 아이스 아메리카노를 시킨다면 나도 그걸 먹어 줄 수 있습니다. 우리가 취향과 다른 음료를 한잔 먹는다고 정체성이 달라지지는 않으니까요. 하지만 매일 같이 회사 험담만을 하는 이들과 내 시간을 쓰는 문제는 다릅니다. 매번 부정적인 이야기들을 하며 시간을 허비하는 게 의미 없다고 생각한다면, 그렇게 해서는 안 돼요. 머릿속으로는 '집에 가서 운동을 하고, 책을 봐야지.'라고 생각해도 그리하지 못한다면 여러분은 달라져요. 조금씩 변화합니다. 하얀 천이 염색된 물에 빠지면 색이 변하듯, 생각하던 것과 다르게 사는 건 우리 자체를 바꾸게 돼요. 그렇기 때문에 이런 부분에서는 예민할 필요가 있어요. 조금은 모난 사람이 되어야 해요.

김이나 작사가님의『보통의 언어들』을 보면 이런 내용이 나옵니다.

"유난스럽다고 지적받은 적이 있다면 그 부분이 바로 당신을 빛나게 해 줄 무언가일 것이다."

대부분의 사람들이 쉽게 넘어가는 문제에 대해 우리만이 도저히 수용할 수 없다고 느낀다면, 바로 그곳에서 우리 브랜딩의 핵심 단서를 찾을 수 있습니다. 이는 사회적 통념으로부터 벗어나 이상한 사람으로 보이는 선택을 하는 것을 포함할 수 있어요. 하지만 남과 다른 특별함을 얻기 위해서는 때로는 유난스러운 사람이 되어야 합니다. **내면에서 느껴지는 것이 있다면 남과 맞추기 위해 억누르지 말고 자연스럽게 발전시켜 줘야 해요.**

KFC의 창업자인 할랜드 샌더스 이야기는 이 같은 부분을 아주 잘 보여줍니다. 그는 여러 직업을 거치며 생계를 유지했는데, 주유소를 운영하던 시기에 프라이드치킨을 만들어 팔기로 했습니다. 그가 만든 황금빛 치킨은 곧 지역 사회에서 큰 인기를 얻게 됐지요. 하지만 얼마 안 가 새로운 고속도로가 생기며 차들은 그의 주유소를 비껴가게 됐고, 치킨 판매는 차질을 빚게 됩니다. 그래서 샌더스는 자신의 프라이드치킨 레시피를 프랜차이즈 사업을 하는 데 활용하기로 결심해요. 그렇게 치킨 레시피를 판매하려 수많은 식당을 찾아갔지만 한결같이 거부당했죠. '샌더스 씨는 요식업 사업을 하기에 나이가 너무 많아요. 이건 젊은 사람들이 하는 거거든요.'라는 말을 들으면서요.

그도 그럴 법한 게, 그때 샌더스의 나이는 육십오 세였습니다. 요즘보다 노화가 더 빨랐던 1900년대 중반에 백발의 할아버지가 레스토랑 프랜차이즈 사업을 하겠다는 게 이상해 보였던 거죠. 많은 사람들이 그의 사업 모델은 실패할 것이라 예측했고, 너무 늦었다고 이야기했습니다.

하지만 샌더스는 포기하지 않았어요. 그는 자신의 레시피에 대한 믿음을 가지고 미국 전역의 레스토랑에 프라이드치킨 조리법을 제안했습니다.

그렇게 그는 계속해서 거절을 받았고, 거절을 받은 횟수는 1,000번이 넘어갔어요. 그럼에도 샌더스는 유난스럽게 고집을 부리며 사업을 포기하지 않았습니다. 그리고 유타주에 위치한 어느 식당을 1,009번째로 방문하게 돼요. 그렇게 찾은 솔트레이크시티에 있는 레스토랑에서 그는 드디어 첫 가맹 계약을 맺게 됩니다. KFC에 가맹점으로 등록된 식당은 현재 전 세계 약 150개국에 약 2만 2천 개에 달합니다.

육십오 세의 나이에 모두가 안 될 거라고 하는데도 샌더스는 어떻게 포기하지 않을 수 있었을까요? 그의 성공은 단지 우수한 레시피가 있었기 때문만이 아니라, 자신의 비전을 끊임없이 추구하고 포기하지 않은 데에 있지 않을까 싶습니다. 이런 면에서 '유난스러움'은 것은 단순히 눈에 띄거나 다르게 행동한다는 의미를 넘어서요. **그것은 우리가 중요하다고 믿는 것에 대해 목소리를 높이고, 때로는 주류에서 벗어나 독립적인 길을 택하는 용기를 말합니다.**

우리의 브랜딩을 기획하는 것도 다르지 않습니다. **"아무거나 좋아."라고 말하는 게 아니라, 때로는 사회적 기준에 도전하고 자신만의 길을 걸어야 합니다.** 그래야만 의미 있는 성과를 달성하고, 자신만의 독특한 브랜드를 세상에 선보일 수 있어요. 그렇다면 어떤 부분에서 유난스러워야 할까요? 어떻게 그런 부분을 발견할 수 있을까요?

1) 살면서 남들보다 예민했던 부분은?

일상에서 마주치는 어떤 상황들이 여러분을 특별히 예민하게 만들었나요? 이러한 순간들은 종종 우리의 깊은 가치나 신념과 연결되어 있습니다. 예를 들어, 부정직한 행위를 목격할 때 분노를 느끼거나 어떤 주제에 대해 지나치게 많은 정보를 요구하는 등의 행동이 여기에 해당할 수 있습니다. 이러한 반응은 여러분의 개성과 깊은 신념을 반영하는 중요한 단서가 될 수 있습니다.

2) 유난스럽다는 말을 들었던 일이 있는지?

사람들은 종종 다른 이들과 다르게 행동하거나 반응할 때 '유난스럽다'는 평가를 받습니다. 예를 들어, 완벽을 추구하며 모든 디테일을 꼼꼼하게 챙기거나 일상적인 선택에서도 많은 시간을 소요하는 경우가 이에 해당할 수 있습니다. 이러한 행동은 여러분이 어떤 분야에서 특별한 관심을 가지고 있거나 어떤 가치를 중시하는지를 보여 줄 수 있습니다. 유난스럽다는 말을 들었던 일을 떠올려보세요.

3) 나만 그냥 넘어갈 수 없는 일은?

일부 문제들은 대부분의 사람들이 쉽게 지나치지만, 여러분에게는 큰 의미를 가질 수 있어요. 이러한 문제들은 종종 사회적 정의, 윤리적 가치, 또는 개인적 열정과 연결되어 있습니다. 예를 들어, 환경 파괴를 목격했을 때 이를 고발하거나 직장 내 불공평한 대우에 맞서 싸우는 것 등이 여기에 해당됩니다. 이런 반응은 여러분이 어떤 이슈에 깊이 연결되어 있고, 그것을 변화시키려는 의지를 가지고 있음을 보여줍니다.

05

당신의 마음이
가리키는 곳으로 나아가라

이제 여러분의 미래를 들여다볼 차례입니다. 여기서는 조금 다른 접근이 필요해요. 여태까지는 우리 내면을 봤다면 이제는 조금 더 깊은 지점을 들여다봐야 합니다. 하지만 보통의 방법으로는 어렵습니다. 우리는 살면서 여러 가지 방어기제를 만들어왔기 때문이죠. 그건 각각 시간과 돈, 그리고 실패에 대한 방어기제에요. 각각 사례를 들어가며 살펴보겠습니다.

한 청년이 있었습니다. 그는 무대 위에서 노래하는 꿈을 꾸었지만 생계를 위해 직장 생활을 시작했죠. "돈을 모으면 가수에 도전을 하겠다"는 생각으로 직장 생활을 버렸습니다. 시간이 흘러 통장에 어느 정도 돈이 쌓였을 때 그에게는 사랑하는 사람이 생겼고, 함께 살 집을 위해 모아 놓은 돈을 써야 했어요. 하지만 걱정하지는 않았습니다. 앞으로도 시간은 많을 거라 생각했으니까요.

시간이 더 흘러 다시 돈이 쌓일 때쯤 둘에게는 기쁜 소식이 생겼습니다. 아이가 생긴 거죠. 그렇게 출산과 육아에 또 많은 돈이 들었고, 다시 한번 가수의 꿈은 뒤로 밀렸어요. 다시 돈을 저축해야 했고, 야근과 주말 출근은 일상이 됩니다. 아이가 대학에 들어가고, 어학연수에 가고, 결혼을 할 때마다 그의 꿈은 계속해서 멀어져 갔어요.

시간이 더 많이 흘렀고, 이제는 자신의 꿈에 집중할 수 있을 거라 생각했습니다. 하지만 거울 속에 비친 자신의 머리 위에는 하얗게 서리가 내려앉아 있었어요. 더 이상 뒤로 미루게 할 일은 없었지만, 꿈을 향해 나아갈 에너지도 남아있지 않았죠. 오래된 기타를 들고 먼지를 털어내며, 그는 아쉬움을 달랠 수밖에 없었습니다.

위의 사례를 보면 어떤 기분이 드시나요? 우리는 시간이 무한하다고 생각하지만 사실 그렇지는 않아요. 각자 삶에서 수십 년씩을 남겨두고 있지만 그중 우리가 원하는 일을 위해 쓸 수 있는 시간은 그리 많지 않죠. 시간이 났을 때 무언가를 해야겠다고 생각하지만 그 '시간'은 잘 나지 않습니다. 삶에서 진정으로 원하는 것을 얻기 위해서는 시간이 무한하다는 착각에서 벗어나야 합니다. 우리가 가진 망설임을 없애기 위해 그에게 다음과 같은 일이 생겼다고 해볼게요.

기타에서 먼지를 털어내는데 피어오르던 먼지 사이로 요정이 한 마리 나타났습니다. 그리고는 그에게 이렇게 이야기를 해요.

"남을 위해 헌신만 하며 너무 지루한 인생을 살았으니 너에게 과거로 돌아갈 기회를 줄게. 너를 과거로 돌려보내 줄 테니 이번 생은 하고 싶은 걸 하며 제대로 살아보렴."

그러더니 그를 한 평생 근무했던 회사의 면접을 보는 날로 돌려보냈어요. 멍한 상태에서 면접을 보고 회사 밖으로 나와 바람을 쐬었죠. 그러고는 속으로 생각했어요. '자, 이제 뭘 해야 할까.'

여러분이 이 상황이 된다면 어떻게 하시겠어요? 다른 이들을 위해 헌신하며 살아왔다면 이번 생은 나 자신을 위해 살아보고 싶을 것 같지 않나요? 사실 이런 그림은 최근 몇 년간 굉장히 유행했던 이야기 구조입니다. 현재의 삶에 아쉬움을 가졌던 주인공이 어떤 계기를 통해 과거로 돌아가고, 다시 한번 삶을 살게 되는 전개 말이죠. 전생, 회귀, 빙의로 불리는 장르가 웹툰부터 드라마, 영화에까지 많은 이들에게 사랑을 받는 이유가 뭘까요? **그건 바로 우리가 현실에서 이루지 못하는 것들을 대신 만족시켜 주기 때문일 겁니다.** 사례 속 주인공처럼 자신이 원하는 일을 하지 못했던 사람들이 콘텐츠를 보며 대리 만족하는 것이죠. 그렇다면 우리들도 그렇게 살아봐야 합니다.

우리는 자주, 시간이 많다고 믿거나 돈을 더 벌어야 한다고 생각합니다.

실패할지도 모른다는 두려움에 사로잡혀 우리의 진정한 열정을 미루곤 하지요. 하지만 이러한 생각들은 결국 우리가 진정 원하는 삶을 살지 못하게 만드는 방어기제에 불과합니다. **우리의 마음이 진정으로 원하는 방향으로 나아갈 용기를 가져야 합니다.** '나중에'라는 말은 영원히 오지 않는 시간을 낭비하는 자세일 뿐입니다. 그러니 이 순간, **마음이 가리키는 곳으로 한 걸음을 내디뎌야 합니다.**

1) 시간

인간은 종종 시간이 무한하다고 착각합니다. 하지만, 우리의 시간은 생각보다 훨씬 더 유한합니다. '만약 내가 6개월 후에 죽는다면?'이라는 질문을 스스로에게 던져보세요. 이 질문은 우리에게 시간의 소중함을 일깨워주고, 지금 이 순간을 살지 않으면 영원히 그 기회를 잃을 수도 있다는 것을 상기해 줍니다. 이는 시간을 허투루 사용하지 않고, 진정으로 중요한 일에 집중할 수 있는 계기가 되어 줄 겁니다.

2) 실패에 대한 두려움

실패에 대한 두려움은 우리가 새로운 도전을 시도하는 것을 막는 큰 장애물입니다. '무엇인가에 도전했다가 실패했을 때 주변에서 비웃으면 어떻게 하지.'라는 생각들이 바로 그것이죠. 만약 램프의 요정을 만나 무엇이든 단 1가지는 실패하지 않도록 도와준다고 했을 때, 무엇을 빌지 생각해보세요. 이러한 가정을 통해, 우리는 자신의 진짜 욕망에 좀 더 솔직해질 수 있습니다. 실패를 두려워하지 않고 도전했을 때 우리는 진정으로 성장할 수 있습니다.

3) 돈

경제적 필요는 우리가 자신의 꿈을 추구하는 것을 종종 막습니다. '만약 나에게 돈 걱정이 전혀 없다면 무엇을 하고 싶은가?' 이 질문을 통해 진정 원하는 삶의 방향을 찾아볼 수 있습니다. 돈은 필요한 수단이지만, 그것이 우리의 꿈을 가로막는 장벽이 되어서는 안 됩니다. 우리의 진정한 열정을 발견하고, 그것을 실현하는 데 집중해야 합니다.

4) 기타: 다시 태어나면 가져보고 싶은 직업, 동경했던 영화 주인공

우리가 영화 속 주인공이나 특정 직업에 동경을 느끼는 것은, 그것이 우리 자신의 숨겨진 욕망을 반영하기 때문입니다. '다시 태어나면 어떤 직업을 가지고 싶은가? 어떤 이야기의 주인공처럼 살고 싶은가?'와 같은 질문을 통해 우리가 진정으로 열망하는 삶의 모습을 탐색해 볼 수 있습니다.

브랜딩 소재 조합하기

보통의 주부 (아영)

부르크쓰: 안녕하세요, 한 주간 잘 지내셨나요?

아영: 네 부르크쓰님, 과제 주신 걸 하면서 스스로를 많이 돌아보며 보냈어요.

부르크쓰: 그렇군요. 어떠셨나요? 보내주신 과제 내용도 살펴봤는데, 아영님 역시 흥미로운 지점들이 많더라고요.

아영: 그런가요? 별 볼 일 없는 아줌마 이야기 같아서 기가 죽었었는데 그렇게 말씀해 주시니 감사하네요.

부르크쓰: 설마요. 그렇게 생각하실 것 없어요. 세상에 대부분의 여성분들은 살면서 어머니가 되잖아요. 그 과정에서 힘든 만큼 느끼는 것도 많을 거예요. 세상에 많은 사람들이 같은 경험을 한다는 건 브랜딩 시장에서도 그에 대해 풀어낼 거리가 있다는 말이기도 해요. 아영님 같은 보통의 주부들에게 들려줄 이야기가 있을지 같이 한번 살펴볼게요.

시제	항목	질문	아영
과거	경험	1. 살면서 가장 아프거나 슬펐던 경험은?	첫 아이 임신 때 유산됐을 때
		2. 고난의 경험은? 극복했던 방법은?	둘째 낳고 우울증 왔을 때. 심리상담 받고 마음챙김 글쓰기 시작함.
		3. 가장 기억에 남는 도전은?	별로 없음.
		4. 가장 기억에 남는 성취는?	우울증 극복하려 KAC 코칭 자격증 딴 것
현재	성향 (좋아하는 것)	5. 혼자 있을 때 주로 시간을 보내는 일은?	혼자 있을 시간이 많이 없음. 차마시고 멍때리기 좋아함.
		6. 유튜브/인스타 알고리즘에 주로 뜨는 것은?	산후우울증. 소소하게 사는 이야기 들려주는 영상들
		7. 가장 몰입이 잘 될 땐 무엇을 할 때인지?	주변 사람들 이야기 들어줄 때. 시간 가는 줄 모름.
		8. 오랫동안 했던/하고 있는 취미는?	블로그에 글쓰기 좋아함. 하지만 일기 수준임.
		9. SNS/블로그를 한다면 주로 쓰는 글의 주제는?	아이들에 대한 이야기. 육아. 마음챙김. 우울증
		10. 책장이 있다면 어떤 주제의 책이 많이 꽂혀있는지?	마음 돌보기. 우울증 극복. 희망에 대한 에세이
	직업	11. 현재 하는 일, 또는 과거에 해봤던 일은?	사회복지공무원 14년 근무 (휴직중)
		12. 자격증이 있다면 무엇인지?	임상심리상담사
	강점	13. 남들이 잘한다고 말하는 거나 도움을 청하는 일은?	말 잘 들어 줌. 아이들 책읽는 습관 들여준 것
		14. 남들에 비해 배우는 속도가 빨랐던 일은?	딱히 없었음.
		15. SNS를 한다면 쓰는 글 중 반응이 좋은 주제는?	우울증 극복했던 이야기
		16. 남들에 비해 예민한 것은?	남들에게 피해주는 것. 카페에서 아이들이 소리지르는 것
미래	동경	17. 다시 태어난다면 해보고 싶은 일은? 그 이유는?	정신과의사가 되어 픈 사람들을 도와주고 싶다(직장에서 아픈 사람들을 많이봄).
		18. 당장 6개월 후에 죽는다면 무슨 일을 해보고 싶은지?	가족과 시간을 보내고, 내 이야기를 책으로 남겨보고 싶다.
		19. 돈을 벌지 않아도 된다면 무엇을 하고 싶은지?	아이들이 하고 싶어하는 걸 전부 시켜주며 살고 싶다.
		20. 1가지 일에선 절대로 실패하지 않는다면, 무얼 하고 싶은지?	어려운 사람들을 위한 복지재단 만들고 싶다.
	목표, 꿈	21. 반드시 이루고 싶은 목표는? 또는 이루고 싶었던 목표는?	사람들 상담을 해주고 싶음. 하지만 전문성이 부족한 것 같다.
		22. 생각하면 가슴 뛰게 하는 것이 있는지?	내 이름의 책이 나오는 상상. 생각만 해도 즐겁다.

2주 차 브랜딩 소재 찾기 (아영)

우선 여기에서 뽑아낼 수 있는 브랜딩 소재들은 다음과 같아요.

- 주체(A)

    1) 우울증을 극복한 사람이

    2) KAC 코치가 / 임상심리상담사가

    3) 14년 차 사회복지사 공무원이

    4) 두 아이 엄마가

- 주제(B)

    1) 마음 챙김 이야기

    2) 우울증 극복 상담

    3) 책 읽는 습관 들이는 방법

아영: 이렇게 펼쳐 놓고 보니 뭐가 있어 보이긴 하는데, 제가 뭔가 있어 보이는 사람처럼 포장된 것 같아서 조금 걱정되네요. KAC 코치 자격증은 정부에서 예산이 내려와서 했던 거고, 심리상담사는 일이 너무 힘들어서 그만두려고 따뒀었거든요.

부르크쓰: 네, 괜찮습니다. 어떤 이유로 자격증을 취득하셨는지는 그렇게 중요하지 않아요. 말씀드렸던 것처럼 우리 전자책을 볼 사람들은 대부분 초보자가 될 거기 때문에 전문적인 지식이 필요치 않아요. 중요한 건 우리가 그 콘텐츠에 대해서 이야기할 수 있는 **'최소한의 당위성을 갖췄느냐'**예

요. 그리고 이는 자격증을 갖고 있다는 것으로 충분하고요. 그럴싸한 동기를 갖고 자격을 취득한 게 아니라고 해도, 그걸 해보지 않은 사람들에게는 충분히 알려줄 것들이 있을 거예요.

아영: 정말 그럴까요?

부르크쓰: 그럼요. 앞으로 더 말씀드리겠지만 지금 아영님이 갖고 계신 지식으로 콘텐츠를 완성하는 게 아니에요. 브랜딩 방향을 잡아갈 때부터, 그리고 잡고 난 뒤에도 많은 정보 조사를 하게 될 겁니다. 관련 도서를 살펴보기도 하고, 강의를 들어보실 수도 있고요. 그렇기에 어떤 면에서 더 중요한 건 그런 정보 조사의 과정을 거쳐나갈 에너지가 있는지예요. 리서치를 한다는 건 번거로운 일인데, 그걸 이겨낼 힘은 그 분야에 관심이 있는지, 조금이라도 경험을 해봤는지에서 나오거든요. 이게 우리가 외부가 아닌 내부로부터 브랜딩 소재를 찾아야 하는 이유기도 하지요.

아영: 분명히 그럴 것 같기는 하네요. 책을 쓰시는 분들도 집필을 하면서 공부를 많이 하신다고 들었어요.

부르크쓰: 맞아요. 공부라고 표현하면 조금은 어렵게 느껴질 수도 있지만 **내가 관심 있어 하는 것을 조금 더 제대로 이해하는 과정** 정도로 생각하면 좋을 것 같네요. 그럼 아영님의 브랜딩 소재들로는 뭘 조합할 수 있을지 한번 볼게요. 우선 아영님의 미래로부터 얻어낸 키워드는 치유, 가족, 약자, 상담 정도가 있어요. 어려운 상황에 있는 이들의 이야기를 듣고 공감하는 데에서 많은 의미를 찾으시는 것으로 보여요. 이건 아영님이 아픔

을 겪었기 때문일 수도 있고, 공감 능력이 발달했기 때문일 수도 있지요. 그런 걸 참고해서 조합해 볼 수 있는 건 다음과 같아요.

- 브랜딩 조합(A+B) = 후보 주제

1) 우울증을 극복한 사람이 알려 주는 마음 챙김 이야기

2) KAC 코치(임상심리상담사)가 해주는 심리 상담

아영: 제가 이걸 잘할 수 있을지는 모르겠지만 분명 관심 있어 하는 것들이기는 해요.

부르크쓰: 네, 아영님의 답변에서 끌어낸 거니까요. 그리고 아영님의 경우에는 예민해하는 것에 대한 답변도 눈여겨 볼 수 있을 것 같네요. 아이들이 카페에서 소란을 피우는 게 신경이 많이 쓰이셨었다고요?

아영: 네. 제가 정서적으로 좀 약한 상태이기도 했고 원래 누군가에게 피해를 주는 것을 싫어했어요. 그러다 보니 아이들이 공공장소에서 소리를 지를 때 머리가 아플 정도로 기가 빨렸었어요. 그 공간에 있는 사람들 모두에게 피해가 되는 것 같아서 너무 신경 쓰었고요.

부르크쓰: 그렇군요. 그래서 아영님은 그런 상황들을 해결하기 위해 어떤 노력들을 하셨던 거죠?

아영: 처음에는 혼내기도 하고 사람들 앞에서 소리도 치고 난리였어요. 하지만 그게 해법은 안돼서 핸드폰을 보여줬는데, 그건 또 뇌 발달에 안 좋

다고 하더라고요. 안 되겠다 싶어서 책을 읽히기로 했어요. 처음엔 잘 안 됐는데 집에서 꾸준히 읽어 주니까 조금씩 가능해지더라고요. 첫째는 나이가 들고 시작해서 좀 집중을 못 하는데 둘째는 제때 시작한 것 같아요. 책 읽기 습관 들이면서 관련 책들을 읽어보니 그게 다 이론이 있더라고요.

부르크쓰: 대단하시네요. 그럼 그때 관련 책도 많이 읽어보셨겠어요. 두 아이들에게 독서 습관을 들이며 경험하신 것도 있겠고요. 지금은 카페 같은 데 가서 아이들에게 책을 주면 곧 잘 보나요?

아영: 그럼요. 아이들 독서법에 대한 책은 거의 다 읽어봤어요. 이제 어디 나갈 때 저희는 간식보다 책을 더 많이 들고 다녀야 해요. 그게 또 일이라면 일인데 시끄러울 일은 없죠. 사내아이 둘이 앉아서 책보는 게 신기한지 사람들이 다 쳐다보기도 해요.

부르크쓰: 아영님은 공감을 잘하시는 만큼 남들의 감정 변화에도 밝으신 것 같아요. 그러다 보니 아이들이 통제가 안 되는 상황에서 많이 힘드셨던 걸로 보이고요. 그런 기질을 가진 사람들은 많을 텐데, 힘들어만 한 게 아니라 해결 방안을 찾으려 노력했다는 점이 대단하시네요. 이런 부분도 브랜딩 주제로 조합해 볼 수 있겠어요.

3) 아이 둘 엄마가 알려주는 독서 습관 들이는 법 (독서 육아법)

이렇게 세 개의 조합을 끌어내 봤어요. 아영님의 콘텐츠를 개발하기 위해 이 조합들을 활용할 수도 있고 아영님이 추가로 생각하시는 것들을 바탕으로 진행할 수도 있어요. 아영님께서 어릴 때는 무얼 좋아했었는지, 어떤 데에 주로 시간을 보냈었는지 생각해 보시길 권해드려요. 과거에 썼던 일기나 글들이 있다면 그런 걸 살펴보셔도 좋습니다. 그럼 다음 주 과제 전달 드리며, 이번 주 수업은 여기서 마치겠습니다.

- 과제1. 브랜딩 조합 1, 2순위 정하기 (후보 주제 중에 고르거나 새로 조합하는 것도 가능)
- 과제2. 후보 주제 1순위에 관심을 가질 사람 3명 묘사하기 (가급적 상세히)
- 과제3. 1순위로 정한 주제와 유사한 도서 검색해 보기

보통의 장년 (지애)

부르크쓰: 안녕하세요, 지애님. 잘 지내셨나요?

지애: 부르크쓰님도 잘 지내셨죠?

부르크쓰: 그럼요. 질문지 답변하느라 수고하셨어요.

지애: 아니에요. 저도 제 삶을 되돌아볼 수 있어서 좋았어요. 사실 적으면서 보니 능력이라고 할만한 게 많이 없어서 걱정됐어요. '책을 보고 수업을 해도 방법을 찾을 수 없는 사람이 내가 될 수도 있겠구나.'라는 생각도 들었고요.

부르크쓰: 그러실 필요가 전혀 없어요. 지애님은 또 지애님만이 갖고 계신 소재들이 있는걸요. 그리고 장년층, 장년이라는 말이 조금 올드하게 들리지만 50대 분들 같은 경우에도 멋지게 브랜딩을 하는 분들도 계십니다. 한국 사회가 고령화되고, 직장을 은퇴한 많은 분들께서 자신만의 플랜 B를 고민하다 보니 장년층 대상의 퍼스널 브랜딩 시장은 점점 더 커질 거라고 생각돼요. 50대 이상인 분들은 아무래도 보내온 시간이 있으시다 보니 경험적인 부분에 조금 더 집중할 수 있는데, 같이 한번 살펴볼게요.

시제	항목	질문	지애
과거	경험	1. 살면서 가장 아프거나 슬펐던 경험은?	갑자기 정리해고 됐을 때
		2. 고난의 경험은? 극복했던 방법은?	퇴직금으로 차린 카페가 망했을 때. 아직 극복 중
		3. 가장 기억에 남는 도전은?	사내 연수 중 1천 명 앞에서 발표했을 때
		4. 가장 기억에 남는 성취는?	아이들 잘 키운 것
현재	성향 (좋아하는 것)	5. 혼자 있을 때 주로 시간을 보내는 일은?	책읽기. 블로그에 글쓰기
		6. 유튜브/인스타 알고리즘에 주로 뜨는 것은?	법륜 스님 영상. 돈 관련 영상
		7. 가장 몰입이 잘 될 땐 무엇을 할 때인지?	아침에 차를 마시며 글을 쓸 때 집중이 잘 됩니다.
		8. 오랫동안 했던/하고 있는 취미는?	수영. 어깨 수술 이후 그만둠.
		9. SNS/블로그를 한다면 주로 쓰는 글의 주제는?	블로그. 퇴직 후의 일상을 쓰고 있습니다.
		10. 책장이 있다면 어떤 주제의 책이 많이 꽂혀있는지?	고전 소설. 『토지』를 다시 읽고 있어요.
	직업	11. 현재 하는 일, 또는 과거에 해봤던 일은?	1금융권 은행 부장 출신
		12. 자격증이 있다면 무엇인지?	노인심리상담사. 퇴직 후에 공부를 위해 취득했어요.
	강점	13. 남들이 잘한다고 말하는 거나 도움을 청하는 일은?	남에게 가르치는 것을 잘했던 것 같아요.
		14. 남들에 비해 배우는 속도가 빨랐던 일은?	새로운 것을 빨리 배웁니다. 간절해서 그런 것 같아요.
		15. SNS를 한다면 쓰는 글 중 반응이 좋은 주제는?	아직 반응이 별로 없습니다.
		16. 남들에 비해 예민한 것은?	별로 없음.
미래	동경	17. 다시 태어난다면 해보고 싶은 일은? 그 이유는?	많은 사람들의 멘토가 되고 싶다. 가르칠 때 살아 있음을 느껴요.
		18. 당장 6개월 후에 죽는다면 무슨 일을 해보고 싶은지?	돈을 많이 벌어서 자식들에게 물려주고 싶어요.
		19. 돈을 벌지 않아도 된다면 무엇을 하고 싶은지?	제주도에 카페를 차려서 지내고 싶습니다.
		20. 1가지 일에선 절대로 실패하지 않는다면, 무얼 하고 싶은지?	교육사업을 해보고 싶습니다.
	목표, 꿈	21. 반드시 이루고 싶은 목표는? 또는 이루고 싶었던 목표는?	생각나지 않음.
		22. 생각하면 가슴 뛰게 하는 것이 있는지?	내가 길을 알려준 누군가가 성공했을 때

2주 차 브랜딩 소재 찾기 (지애)

여기서 뽑아낼 수 있는 브랜딩 소재들은 다음과 같아요.

- 주체(A)

  1) 정리해고된 50대(금융권 부장)가

  2) 카페를 차렸다가 망한 사람이

  3) 노인심리상담사가

- 주제(B)

  1) 이른 은퇴 후에 닥칠 현실적인 삶 (인생 2막)

  2) 자영업의 실상

  3) 블로그 하는 방법

지애: 다행이에요. 그래도 뭔가 뽑아낼 수 있는 소재들이 있군요.

부르크쓰: 그럼요. 물론이지요. 이것도 지애님께서 적어준 제한적인 정보들을 기반으로 뽑아낸 거지, 자신을 깊게 들여다보면서 더 발견할 수 있는 게 있으실 거예요. 우선 미래에서 얻어낸 것들을 보면 지애님의 마음의 방향은 사업, 가족, 그리고 누군가에게 멘토가 되어 좋은 영향을 주는 것, 즉 교육이란 키워드를 향하고 있는 것으로 보여요.

지애: 네, 제가 회사에 있을 때 사내 연수 강사를 맡았었거든요. 경쟁이 꽤 치열했는데 며칠 밤을 새우면서 자료를 만들었어요. 당시 부사장님께서 제 자료를 직접 칭찬하시며 기회를 주셔서 교육자가 되는 기회를 누렸었어요. 그때 약 백 명 가까이 되는 직원 앞에서 강의를 했었는데, 1회성이긴 하지만 기분이 참 좋았습니다. 살아 있다는 게 이런 거구나라는 감정을 느

낄 수 있는 경험이었어요.

부르크쓰: 그렇군요. 그걸 계기로 누군가에게 뭔가를 알려주고 그걸 통해 좋은 영향력을 발휘하는데 의미를 갖게 되신 것 같네요. 참 멋진 일이죠. 그렇다면 이걸 참고해서 브랜딩 후보 주제를 한번 만들어 볼게요.

- 브랜딩 조합(A+B) = 후보 주제

1) 정리해고 된 사람이 알려 주는 은퇴 이후의 삶

2) 카페를 차렸다가 망한 사람이 알려주는 자영업의 실상

조금은 부정적인 색채가 묻어나는 주제인데, 어려웠던 경험도 경험이니 누군가에겐 소중한 정보가 될 수 있어요. 같은 시행착오를 피할 수도 있고요. 특히 수명이 늘어나며 퇴직 이후의 기간이 길어졌는데, 준비되지 않은 상태에서 맞이하는 퇴직은 두렵게만 인식됩니다. 지애님께서 관련한 경험이 있으시니, 그걸 간접적으로 경험할 수 있도록 나눠보는 것도 좋을 것 같아요. 이는 다음 주에 좀 더 자세히 이야기 나눠 보겠습니다.

지애: 네, 이게 제가 경험한 것이니까요. 힘들고 어려웠던 만큼 공유할 거리가 있기는 할 것 같아요. 누가 내 이야기를 볼까 싶기는 하지만 그건 다음 주까지 기다려 볼게요.

부르크쓰: 네, 감사합니다. 그리고 한 가지 더 생각해 볼 수 있는 게 지금 지애님이 블로그를 하신다는 거예요.

지애: 블로그를 하는 게 왜요? 많은 사람들이 블로그를 하고 제 글은 반응이 그리 좋지도 않은데요.

부르크쓰: 지애님이 쓰는 글이 남들에게 얻는 반응보다도, '지애님이' 글을 쓴다는 데에서 의미를 찾아볼 수 있어요. 무슨 말이냐 하면 지애님은 50대 중반이신데 평균적으로 블로그에 글을 쓰는 연령보다는 조금 더 높은 나이시라는 게 핵심이죠.

지애: 그게 또 이야깃거리가 되나요?

부르크쓰: 그럼요. 말씀드린 것처럼 50대가 넘거나 사정이 있어 퇴직을 빨리하신 분들 중에는 이후의 인생 계획이 되어 있지 않은 분들이 많으세요. 사실 대부분이 그런 준비를 하지 못하고 이른 노후를 맞는다고 보는 게 맞겠죠. 그런 분들은 뭘 해야 할지 갈피를 잡기 어려워요. 이후의 시간을 어떻게 시간을 보내야 할지, 뭘 해서 돈을 벌어야 할지가 막막할 거예요. 그런 분들에게 블로그는 어떻게 방향을 잡아나갈지에 대한 훌륭한 플랫폼이 되는데, 그걸 먼저 경험하고 있다는 것도 나눌 거리가 될 것 같네요. 그러면 다음의 주제 조합을 추가해 볼 수 있겠어요.

3) 50대가 알려 주는 블로그 하는 법

지애: 그렇군요. 그래도 할 것들이 여러 가지가 있다는 것이 희망적이네요. 저에 대한 걸 자세히 들여다봐 주셔서 감사해요.

부르크쓰: 별말씀을요. 수고 많으셨고, 지애님도 마찬가지로 본인의 과거를 돌아보며 새로운 주제 조합을 만들어 낼 수 있을지 고민해보시면 좋을 것 같습니다. 그럼 다음 주에 뵙겠습니다.

- 과제1. 브랜딩 조합 1, 2순위 정하기 (후보 주제 중에 고르거나 새로 조합하는 것도 가능)
- 과제2. 후보주제 1순위에 관심을 가질 사람 3명 묘사하기 (가급적 상세히)
- 과제3. 1순위로 정한 주제와 유사한 도서 검색해 보기

Step 3

전자책 기획:

팔리는 전자책은 기획부터 다르다

01

성공 콘텐츠 불변의 법칙

콘텐츠의 구조가 '누가(A: 주체) + 알려 주는 + 내용(B: 주제)'이라는 것을 배웠습니다. 하지만 그렇게 만들어진 모든 콘텐츠가 성공하는 것은 아닙니다. 어떤 것들은 소비자에게 선택을 받는 반면에, 어떤 것들은 소리 소문 없이 사라집니다. 그 차이는 어디에서 나올까요? 어떻게 해야 수많은 콘텐츠 사이에서 살아남고 성공할 수 있는 걸까요?

정답은 바로 타겟에 있습니다. 콘텐츠를 만들 때 얼마만큼 타겟을 깊이 고려했는지가 성공 여부를 결정합니다. 예를 들어 '스피치 지도사가 알려 주는 말하기 수업'은 콘텐츠의 구조를 갖췄어요. 하지만 타겟에 대한 고민은 들어가 있지 않죠. 이 말하기 수업은 직장인도 들을 수 있고, 입시를 준비하는 학생도 들을 수 있어요. 이름만 대면 누구나 다 아는 유명한 강사라면 모를까, 불특정한 소비자를 전부 만족시키기란 쉽지 않습니다.

그렇기 때문에 콘텐츠를 구성하는 주제가 어떠한 타겟을 대상으로 만들어졌는지를 분명히 하는 게 좋습니다. '스피치 지도사가 알려 주는 말하기 수업'에 **고3 수험생을 위한 / 면접을 앞둔 이들을 위한 / 피피티 발표를 앞둔 이들을 위한 등**의 타겟을 붙여줘야 하는 것이죠. 제목에는 반드시 들어가지 않는다 해도 콘텐츠를 기획할 때 고려해야 하고, 콘텐츠 홍보 글에 포함이 되어야 해요. 아파트 엘리베이터에 붙어 있던 논술 과외 전단지를 하나 볼게요.

'○○논술. 자신을 고용하고 살 미래의 우리 아이들 무엇을 준비하고 있나요? 융합적 사고로 해결 방안을 철학적 논리로 집을 짓는 아이. 초, 중, 고, 성인 샘플 수업과 상담 진행합니다. 강사 이력 ○○대 국문과 출신. 논술 전문 교사.'

무엇이 문제일까요? 강의를 기획한 사람은 분명 많은 고민을 했을 겁니다. 하지만 전단지는 강사가 얼마나 대단한 사람인지, 강의가 얼마나 그럴 싸한 것인지를 보여 주는 데 그칠 뿐 타겟을 위한 고민은 들어가 있지 않아요. 타겟이 될 사람들은 누구인지, 어떤 어려움을 가졌는지, 무엇을 원할지를 생각해 봐야 합니다. 그들의 머릿속에 들어가 봐야 하는 거예요.

- 누구에게 필요한 것인지: **중고등학생** / 또는 성인
- 어떤 어려움을 갖고 있는지: **글쓰기 수업, 대입 준비** / 또는 직장에서의
  보고서 작성, 사고력 향상 등
- 무엇을 원하는지: **교과 과정에서의 문해력 향상, 대입 목적의 논술 준비**
  / 또는 성인의 사고력 향상

우선 '누구에게 필요한 것인지', 즉 타겟을 하나로 좁혀 보겠습니다. 이는 강사의 판단에 달렸겠지만 자신의 이력이 누구에게 어필이 되는지, 누구를 대상으로 수업을 더 잘할 수 있는지 등에 따라 결정될 거예요. 우선은 학생을 타겟으로 삼는다고 해볼게요. 그들이 가질 어려움과 무엇을 원하는지를 기억하고, 광고 전단 문구를 고쳐보겠습니다.

'논술 참 어렵죠? 처음부터 쉬운 것은 없습니다. 하지만 어렵게 배우면 계속 어렵습니다. 논술과 대입 시험 준비를 위한 논리적 문제해결 방법을 7살 아이도 이해할 수 있도록 쉽게 가르쳐 드립니다. 20년 경력의 글쓰기 강사의 단계별 학습법, 첫 수업 무료로 받아보세요. 수강 인원이 제한돼 있어 조기 마감될 수 있습니다.'

어떤가요? 이전 전단지 보다 구매할 사람의 입장에서 쓰여진 내용이라고 생각 됩니다. 이와 같이 콘텐츠를 기획함에 있어 타겟을 생각하는 것은

필수적이에요. 이미 유명세를 얻어 대중적인 콘텐츠를 만들 수 있는 사람이 아니라면, 심지어 브랜딩을 시작하는 우리에게는 더욱 그러합니다. 콘텐츠를 구성하는 '누가(A: 주체) + 알려 주는 + 내용(B: 주제)'의 구조에 '누구를 위한(C: 타겟)'이라는 요소가 추가된다고 볼 수 있습니다.

(누가) + 알려 주는 + (주제) + **(누구에게)**

예) 스피치 지도사가 알려 주는 말 잘하는 법 + **고3 수험생을 위한 / 면접을 앞둔 이들을 위한 / 피피티 발표를 앞둔 이들을 위한**

이와 같이 타겟을 잘 살려 출판이 된 책들은 다음과 같아요.

1)『퇴사학교』, 장수한 = 직장인 + 퇴사

  – 회사에 다니는 일반 직장인들

  – 평생직장이 사라진 데에 위협을 느끼는 사람들, 미래를 준비하고자 하는 사람들

2)『어쩌다 가방끈이 길어졌습니다만』, 이혜민 = 공부 + 유학

  – 공부를 해야 하지만 고된 학습에 지친 사람들

  – 타지에서 유학을 하고 있는, 또는 해봤던 사람들

  – 취미 생활로 주말농장을 고려하는 사람들

3)『나는 오늘 모리셔스의 바닷가를 달린다』 안정은 = 운동 + 러닝

  - 운동을 시작하고 싶지만 망설이는 사람들

  - 러닝에 관심이 있지만 자신이 없는 사람들, 또는 좀 더 제대로 해보고 싶은 사람들

4)『내성적인 당신을 위한 스피치솔루션』 이승은 = 스피치 + 내성적 성향

  - 스피치를 잘 하고 싶은 사람들

  - 내성적인 사람들

위와 같이 위의 책들은 일반적인 타겟에서 한 번 더 범위를 좁힌 이들을 겨냥하고 있습니다. 이처럼 명확하면 그들을 위한 콘텐츠로 채울 수 있지요. 전체 내용의 구성을 그들의 시각에서, 그들의 입장에서 무엇이 궁금할지에 대한 내용들로 채울 수 있어요. 그렇게 이 책을 읽을 사람의 머릿속에 미리 들어가 보는 접근은 콘텐츠의 성공 확률을 현저하게 높여줍니다. 전자책은 물론 종이책으로도 출간될 수 있고, 강의 콘텐츠로 만들어서 세상에 내놓기에도 수월하지요.

간혹 이런 사람들이 있습니다. '내 실력은 진짜야. 결국 기획도 마케팅도 다 포장일 뿐인데 굳이 거기에 목메고 싶지 않아.' 하지만 과연 그럴까요? 잘 되는 식당이 꼭 맛있기만 해서 되는 건 아닙니다. 대부분은 평균 이상의 맛에 적절한 마케팅이 어우러지는 경우가 대부분이죠. 아무리 맛있는

음식을 내놓는다고 해도, 설령 블루리본 서베이에서 선정이 됐다고 해도 알리지 않으면 사람들이 알 수가 없어요.

이건 책도 그렇고, 강의도 다르지 않습니다. '타겟 설정'은 콘텐츠를 성공시키는 데에 가장 중요합니다. 표적이 없는 상태에서 쏜 화살이 어떤 근사한 것에 맞을 리가 없습니다. 대부분 쓸데없는 곳에 박히거나 날아가다 바닥에 떨어지고 말지요. 전자책이라는 걸 한번 써보겠다며 열심히만 써 내려간 책이 누군가에게 사랑을 받기란 쉽지 않습니다. 하지만 반대로 타겟을 충분히 고려해 콘텐츠를 기획하면 어느 정도의 성공은 이루어 낼 수 있지요. **큰 성공은 세상의 흐름, 운 등 여러 가지 요건이 필요하지만 작은 성공은 치밀한 기획으로 가능하기 때문입니다.**

02

내가 원하는 것과
세상의 니즈가 만나는 지점

이제 퍼스널 브랜딩을 위해 기획이 중요하다는 것을 알았습니다. 그러면 브랜딩을 시작하는 우리에게는 기획을 어떻게 적용시켜야 할까요? 시작하는 단계에서는 그럴싸한 기획보다는 조금 원론적으로 접근해 보는 게 좋습니다. 우리가 만든 콘텐츠가 어느 지점에서 세상과 만날지를 들여다봐야 합니다.

그 지점을 찾아내기 위해 먼저 퍼스널 브랜딩이란 무엇인지 생각해 보겠습니다. 퍼스널 브랜딩이란 우리의 상품 또는 콘텐츠를 팔고 대가를 받는 것을 의미합니다. 그 형태는 다양할 수 있지만 결국 이 틀을 벗어나지 않죠. 무언가를 팔아 사람들의 주머니에 있는 돈을 꺼내와야 하는 것인데, 그렇다면 우리는 어떤 경우에 돈을 지불하는지 고민해 봐야 해요.

사람들은 단순히 무언가를 개선하는 것보다는 문제를 해결할 때 비용을 들이는 경향이 있습니다. 개선하는 것은 선택의 문제이지만 문제를 해결하는 건 필수적이기 때문이지요. 집 안에 인테리어를 하는 것은 마음이 내킬 때 할 수 있지만, 하수구가 막힌 것은 당장 해결해야 합니다.

이와 같이 금액을 지불하는 본질은 문제를 해결하는 데에서 발생한다는 것을 이해하고 계속 이야기해 보겠습니다. 예를 들어 여러분이 2장에서 발견한 브랜딩 주제가 말하기라고 해볼게요. 어릴 때부터 이야기하는 것을 좋아했고 영업 직군에 있어서 말하기에 능숙한 상황이라고 말이죠. 그렇다면 어디서부터 접근해야 할까요? 브랜딩은 콘텐츠에 대한 비용을 받는 것이고, 비용이란 문제를 해결할 할 때 발생한다고 했습니다. 그렇기에 **브랜딩 주제와 관련한 어려움을 생각해 봐야 한다는 것**을 알 수 있습니다.

말하기를 잘하는 사람이 더 잘하기 위해서 말하기 수업을 듣는 경우보다 말하기로 인해 어려움을 겪었던 사람이 수업을 들을 확률이 훨씬 더 높습니다. 조별 과제에서 망신을 당했던 대학생이나 우연한 자기소개 기회에 너무 떨려 염소 소리를 내봤던 사람. 아니면 열심히 준비한 자료를 부족한 스피치 탓에 반려 당한 회사원이 돈을 지불하고 수업을 들을 수 있습니다.

이와 같이 특정 주제에 대한 어려움을 나열하고 내가 그것을 어떻게 해결해 줄 수 있는지를 생각하는 것이 브랜딩의 시작입니다. 타겟이 가진 어려움을 공감하고 그들이 원하는 것을 쥐여 주는 게 결국 콘텐츠이지요. 하지만 특정한 주제에 대해 사람들이 어떤 어려움을 갖고 있을지 알아채는 건 쉽지 않아요. 오랫동안 관심을 가졌거나 깊게 경험해 본 것이 아니라면 콘텐츠화할 만큼의 어려움을 파악하는 건 어려운 일입니다.

그렇기 때문에 기준이 필요합니다. 주제에 대한 타겟의 니즈를 뽑아낼 수 있는 도구가 있어야 하죠. 그 방법을 2가지로 정리해 보겠습니다.

1) 타겟의 니즈 파악

누군가의 니즈를 나열할 때 가장 쉬운 방법은 그들의 나이대, 신분(학생, 회사원 등)을 기준으로 가질 수 있는 어려움을 적어 보는 겁니다. 가장 좌측에 나이대를, 그리고 그 우측에 신분을 적고 그때 겪을 수 있는 말하기에 대한 어려움을 적어볼게요.

나이	신분	어려움
10대	학생	발표와 토론에서 긴장, 자신감 부족 - 교우 관계에서의 어려움
20대	대학생 및 사회초년생	직장 내 상사들과의 커뮤니케이션 - 이성과 대화할 때의 어려움
30대	직장인(대리과장급)	직장 내 후배들과의 커뮤니케이션 - (예비) 배우자와의 대화에서의 어려움
40대	직장인(과차장급)	부서장, 파트장으로서의 커뮤니케이션 - 자녀교육 상담 시의 어려움
50대	직장인(부장/임원급)	부하직원과의 커뮤니케이션 - 자녀와의 의사소통 어려움
60대	정년 이후	경력 지식과 경험 전달, 새로운 트렌드 적응 - 세대 간 소통의 어려움

연령대별 말하기 관련 어려움

위와 같이 어려움이 정리됐다면 여기가 우리가 콘텐츠를 만들어 볼 수 있는 힌트를 주는 곳입니다. 이것을 보고 내가 말하기라는 주제에 대해 어떤 어려움을 잘 해결할 수 있는지 생각해 보는 것이죠. 말하기를 브랜딩 주제로 정한 것은 삶에서의 관련 경험이나 작은 전문성이 있기 때문이었을 텐데, 그게 어디에서 좀 더 잘 발휘될 수 있는지를 살펴보는 겁니다. 만약 직장에서의 경험이 주를 이룬다면 관련한 어려움을 해결해 주는 콘텐츠를 생각해 볼 수 있습니다. '직장 상사들이 좋아하는 보고의 기술'이라거나 '꼰대 소리 듣지 않고 후배들과 잘 지내는 법' 등을 기획해 볼 수 있겠죠. 반대로 직장 밖에서의 말하기에 능숙했다면 '이성과 물 흐르듯 대화하는 법'이나 '나서지 않고도 인싸 되는 법' 같은 것을 생각해 볼 수 있을 겁니다. 조금 더 확장을 시키면 '자녀와 잘 지내는 법'이나 장년층 이상의 경우 '사위, 또는 며느리와 잘 지내는 법' 등의 콘텐츠를 만들어 볼 수 있습니다.

2) 인터넷 리서치

– 네이버 카페와 블로그 검색: 네이버는 한국에서 가장 인기 있는 검색 엔진입니다. 그렇기에 많은 사람들이 정보를 얻고 의견을 나누기 위해 활용하죠. 특정 주제와 관련된 카페에서의 토론을 살펴보거나 블로그 포스트와 그 댓글들을 보며 사람들이 어떤 문제를 겪고 있고 어떤 해결책을 찾고 있는지 파악할 수 있습니다.

– SNS 플랫폼 활용: 인스타그램, 트위터, 페이스북 등의 소셜 미디어를 통해 특정 해시태그를 검색하거나 관련 토픽에 대한 포스트를 모니터링합니다. SNS 플랫폼에서는 실시간으로 사람들이 의견을 공유하고 문제를 논의하기 때문에 주제에 대한 트렌드 변화를 빠르게 파악할 수 있습니다.

– 기사 검색과 온라인 설문조사: 주제에 대한 기사를 검색하여 사람들이 어떤 어려움을 겪고 있는지 알 수 있습니다. 특히 기사의 경우 조금 더 전문적인 내용, 주제에 대한 통계나 객관적인 지표, 또는 전문적인 솔루션이 담긴 경우들이 많기 때문에 유용하게 쓰일 수 있습니다. 만약 SNS를 운영하고 있다면 구글 설문지나 네이버 폼과 같은 설문조사 플랫폼을 활용해 타겟에게 직접 질문을 할 수 있습니다. 이는 구체적인 데이터를 수집하고, 사람들이 겪고 있는 문제와 요구 사항을 파악하는 데 매우 유용하지요.

3) AI 지원

챗GPT는 생각보다 많이 진화했습니다. 무료로 제공되는 v3.0으로도 몇 번의 질문을 던졌을 때 원하는 답을 끌어내기 쉽죠. 다음과 같이 어떤 어려움을 갖는지 질문을 해보겠습니다.

질문: 입문용 말하기 강의를 기획해 보려고 해. 우선 사람들이 말하기에 대해 어떤 어려움을 갖고 있는지 파악해서, 그걸 해결해 주는 것으로 강의를 기획하고자 하는데 정리해 줄 수 있니?

답변(챗GPT v3.0): 강의 기획
입문용 말하기 강의를 기획할 때, 사람들이 흔히 겪는 말하기의 어려움과 이를 해결하기 위한 접근법을 정리해 보면 다음과 같습니다.

(1) 자신감 부족

문제: 말을 할 때 긴장하거나 주저하고, 실수를 두려워하여 자신감이 떨어짐.

해결 방법: 작은 성공 경험을 통해 자신감을 쌓을 수 있는 연습 제공 (예: 짧은 자기소개, 긍정적인 피드백)

긴장 완화 기술 지도 (심호흡, 시각화 등)

안전한 환경에서 연습 기회 제공 (소그룹 활동)

(2) 말의 구조화 부족

문제: 전달하고자 하는 내용을 논리적으로 구성하지 못하고 두서없이 이야기함.

해결 방법: 간단한 말하기 구조 소개 (예: 서론-본론-결론, PREP 방식: Point-Reason-Example-Point)

짧은 연습 과제를 통해 구조화 능력 강화

아이디어 정리를 돕는 프레임워크 제공 (예: 마인드맵, 키워드 정리)

(3) 청중과의 소통 어려움

문제: 상대방의 반응을 잘 읽지 못하거나 상호작용 없이 일방적으로 말하게 됨.

해결 방법: 청중의 비언어적 신호 읽기 연습 (표정, 몸짓 등)

질문 던지기나 간단한 대화 기법으로 소통 강화

롤 플레이와 피드백으로 청중 참여를 자연스럽게 유도

(4) 발음과 전달력 부족

문제: 발음이 부정확하거나 목소리가 너무 작아 전달이 잘되지 않음.

해결 방법: 발음 교정과 호흡 훈련 (복식호흡, 또렷한 발음 연습)

녹음 후 자기 목소리 확인 및 피드백 제공

적절한 속도와 억양을 연습하는 활동 (예: 뉴스 기사 읽기, 스토리텔링)

(5) 즉흥 말하기의 어려움

문제: 준비되지 않은 상황에서 말을 해야 할 때 당황하거나 멈칫함.

해결 방법: 즉흥 연습 게임 (예: 한 단어 주제로 1분 말하기)

키워드를 즉석에서 활용해 말하는 연습

"빈칸 채우기"식 템플릿 제공 (예: "내 생각에는… 왜냐하면…")

이 어려움들을 기반으로 강의를 기획할 때, 초보자들이 부담 없이 참여할 수 있는 친근한 환경과 단계별 성장 과정을 강조하면 효과적일 것입니다.

입문자를 위한 주요 강의 구성: 기초 다지기: 자신감 강화와 구조화된 말하기 방법

실전 스킬: 발음, 전달력, 청중과의 상호작용

응용과 피드백: 즉흥 말하기, 비언어적 표현, 흥미로운 내용 전달

필요하다면 각 세션의 세부 내용을 더 구체적으로 도와줄게요!

이와 같이 굉장히 양질의 답변을 해주는 것을 볼 수 있습니다. 하지만 답변이 그럴싸한 것과는 별개로 저런 강의를 과연 우리가 할 수 있을까 의문이 생겨요. 다시 한번 질문을 해보겠습니다.

질문2: 좋은 추천이야. 하지만 이건 전문적인 강사가 할 수 있는 강의처럼 보여. 이것보다 '회사 선배와 잘 지내는 법'과 같이 조금 더 쉽게 접근할 수 있는 강의가 있을까?

답변2: 네, 조금 더 쉬운 강의를 알려드릴게요.

(1) 회사 선배와 잘 지내는 대화법
- 주제 설명: 회사 내에서 선배와의 원활한 커뮤니케이션은 직장 생활의 삶의 질을 크게 향상시킬 수 있습니다. 이 강의에서는 선배와의 대화를 능숙하게 이끌고, 좋은 관계를 구축하기 위한 대화의 방법을 배웁니다.
- 내용: 인사말부터 시작해 업무 피드백 요청, 공감 표현 방법, 공통 관심사 찾기, 비공식적인 자리에서의 대화 유지법 등을 다룹니다.

(2) 친구와의 관계 개선 대화법
- 주제 설명: 오랜 친구나 새로운 친구와의 관계를 개선하고 싶다면, 효과적인 대화 방법이 필요합니다. 이 강의는 친구와의 깊이 있는 대화를 위한 기술을 소개합니다.
- 내용: 감정을 표현하는 법, 고민 상담법, 적절한 조언과 의견 제시 방

법, 취미와 관심사 공유하기 등을 다룹니다.

(3) 이성과의 스트레스 없는 대화법
- 주제 설명: 데이트 상황이나 이성과의 친밀한 관계에서 대화는 매우 중요한 역할을 합니다. 이 강의는 이성과의 자연스러운 대화를 유도하고, 긍정적인 인상을 남기는 방법을 알려줍니다.
- 내용: 첫인상 관리, 관심사 탐색, 적절한 유머 사용법, 대화 중 발생할 수 있는 미묘한 신호 해석하기 등을 포함합니다.

(4) 가족 간 의사소통 향상 기술
- 주제 설명: 가족 구성원 간의 원활한 의사소통은 가정 내 평화와 행복을 증진시킵니다. 이 강의에서는 다양한 세대 간의 효과적인 대화법을 배울 수 있습니다.
- 내용: 세대 차이 이해하기, 감정의 표현과 수용, 존중 기반의 의견 교환, 가족 모임에서의 소통 전략 등을 다룹니다.

(5) 직장 내 커뮤니케이션 스킬
- 주제 설명: 직장에서의 효과적인 커뮤니케이션은 커리어 성공에 중요한 열쇠입니다. 이 강의는 다양한 직장 상황에서 유용한 대화 기술을 소개합니다.
- 내용: 상사와의 1대1 미팅 준비, 팀 회의에서의 효과적 발표, 동료와의 갈등 해결, 네트워킹 이벤트에서의 스몰토크 등을 포함합니다.

위와 같이 답변을 끌어내는 것이 가능합니다. 몇 번의 문답이 오갈 수도 있지만 리서치에 걸리는 시간을 크게 줄여 주지요. 답변 내용을 검토해야 하긴 하지만 잘 사용했을 때 훌륭한 도구임은 틀림없습니다.

이처럼 생각하는 주제에 대한 타겟의 어려움을 파악하는 것이 브랜딩 기획의 첫 단계입니다. 이러한 어려움은 전문가들이 해결할 수도 있지만 그러기엔 사소하고, 그냥 두기엔 불편한 지점들이 여러분이 공략할 수 있는 지점이에요. 여러분 스스로가 관심 있어 하지만 세상을 만족시킬 수 있는 지점. 그곳을 얼마나 깊이 만족시킬 수 있느냐에 따라 다음번엔 조금 더 넓은 대상을 공략할 수 있을 겁니다. **어느 지점을 공략할 수 있을지, 타겟들의 마음속으로 한번 들어가 보시죠.**

03

대중성과 독창성 사이의 균형 잡기

앞에서 콘텐츠 기획의 첫발을 어떻게 떼는지 이야기했습니다. 그다음으로 각자의 콘텐츠를 어떻게 만들어 갈지 실질적인 방법론을 이야기해 보고자 합니다. 이를 위해서 우리가 만들 콘텐츠를 타겟에게 어떻게 어필할지, 시장에서 어떻게 포지셔닝 할지를 고민해야 해요.

하지만 우리는 아직 브랜딩을 해보지 않았습니다. 이처럼 무언가를 잘모를 때 접근하기 가장 좋은 방법은 기존의 것들을 참고하는 거예요. 그것들이 어떻게 성공을 했는지 뜯어서 분석해 보는 것이죠. 이미 기획에 대한 고민을 거쳐 탄생한 콘텐츠는 어떤 모습인지 유형화해 볼 겁니다.

모든 콘텐츠에는 자신들 만의 성공 전략이 있습니다. 세부적인 것들은 다르겠지만 큰 틀에서는 비슷한 특징을 갖고 있지요. 그건 특정 분야에서 쌓아온 전문성이나 자신을 증명할 수 있는 권위, 또는 흔하게 겪어 볼 수 없는 특별한 경험으로 나뉩니다. 그 예시가 되는 콘텐츠를 한번 살펴보겠습니다.

1) 전문성

- 『여덟 단어』, 박웅현: 이 책은 유명 카피라이터인 박웅현 씨가 그의 전문성을 발휘해 쓴 책으로 광고 작업에서 사용했던 간결한 카피라이팅 기술에 대한 내용으로 구성돼 있습니다. 간단하게 들리는 여덟 개의 단어가 갖는 깊은 의미와 이를 통해 어떻게 소비자의 감정을 움직이는지에 대해 탐구합니다. 이와 같이 특정한 분야에서 쌓인 전문성은 그 자체만으로 책을 쓸 수 있는 성공 전략이 됩니다.

- 『당신이 옳다』, 정혜신: 정신건강 전문의로서의 심리학적 통찰을 바탕으로 독자들의 감정을 치유하는 방법을 제안하는 책입니다. 해당 업역에서 쌓인 저자의 전문성을 활용해 마음의 문제를 깊이 탐구하는 내용을 담고 있습니다.

2) 권위

- 『모든 것은 기본에서 시작한다』, 손웅정: 손흥민 선수의 아버지인 손웅정 씨가 축구에 대한 철학과 손흥민 선수를 훈련하며 가졌던 마인드에 대해 다룬 책입니다. 내용을 떠나 손흥민 선수의 훈련을 도맡아 훌륭한 업적을 이뤄냈다는 권위가 뒷받침됐던 책이죠. 이처럼 괄목할 만한 업적이나 사람들이 인정할 만한 이력을 갖췄다면 책을 성공시킬 수 있는 1가지 훌륭한 전략이 될 수 있습니다.

– 『걷는 사람, 하정우』 하정우: 유명 배우 하정우 씨가 쓴 이 책은 그의 여행 경험과 팁을 제공합니다. 다양한 지역과 문화권 속에서 얻은 인생 교훈을 독자와 나누는데, 역시 강력한 인지도에서 나오는 권위로 책을 출간했다고 볼 수 있습니다.

3) 특별한 경험

– 『처음으로 공부가 재밌어지기 시작했다』 데미안(임진강): 임진강 씨는 8등급 수포자에서 8개월 만에 수능 1등급을 받은 특별한 경험이 있습니다. 이러한 경험의 비결을 '각성자 공부법'이라는 것으로 설명하며, 공부에 대한 새로운 관점을 제시합니다. 이와 같이 일반 사람이 할 수 없는 특별한 경험이 있다면 책을 만들 수 있는 한 가지 성공 전략이 될 수 있습니다.

여기까지 보면 가슴 속에 의문이 하나 생깁니다. '나는 전문성도, 권위도 없는데 어떻게 하지? 그리고 특별한 경험이라는 건 내가 일부러 만들 수도 없는 거잖아.'라는 의문 말이죠. 하지만 보통 사람인 우리에게도 시장에서 포지셔닝을 해 볼 수 있는 방법이 있어요. **그것은 바로 '소수 타겟'을 공략하는 것입니다. 그게 여러분의 경쟁력이 되어줄 겁니다.**

성공적인 콘텐츠를 만들기 위해서는 타겟 설정 중요하다고 앞에서 이야기했습니다. 전문성이 깊거나 유명한 인플루언서는 대중적인 타겟을 특정할 수 있고, 일반 사람들은 그리 넓지 않은 범위의 타겟을 공략할 수 있다고요. 그렇다면 이제 브랜딩을 시작하는 우리들은 어떤 타겟을 공략해야 할까요? 당연하게도 **좁은 범위에 걸쳐 있는 소수 타겟**이 됩니다.

(누가 알려주는) + (주제) + (누구에게)

이 구조에서 '누구에게'를 조금 더 세밀하게 조정하는 겁니다. 내가 선택한 주제에 대해서, 타겟 층이 갖고 있을 어려움을 조금 더 니치하게 접근해 보는 거죠. 여러분이 이전 꼭지에서 뽑아낸 특정 주제에 대한 어려움을 기준으로 생각해 봐도 좋습니다. 타겟이 좁더라도 그들의 상황과 심리적 특성을 명확하게 정의할 수 있다면 훌륭한 세부 타겟이 될 수 있어요.

좁은 시장의 잠재력은 이미 많은 기업에서도 눈여겨보고 있습니다. 왼손잡이는 전체 인구 중 15%밖에 되지 않지만 그들을 위한 수첩이나 볼펜, 통조림 따개 등이 만들어졌죠. 기존에는 여성으로 크게 묶었던 집단을 성인과 학생, 예비 신부와 임산부 등으로 잘게 쪼개기 시작했고요. 이와 같이 **세분화 된 소비자들의 욕구를 반영한 제품**이 등장하고 있습니다.

이러한 트렌드에 맞춰 기업 단위에서 인구 중 15%를 노리고 접근한다면, 우리는 더 작은 집단을 공략해야 해요. 그러한 시장은 경쟁이 덜 치열할뿐더러 만들어진 콘텐츠가 적기 때문에 작은 전문성만으로도 자리를 잡기 수월합니다. 그럼 그러한 예시를 한번 살펴볼게요.

1)『직장 생활의 99%는 관계다』, 이현주

- 심리학에 관심이 있는 사람

- 회사에서의 커뮤니케이션에 대한 심리학 관점의 개선 방안을 얻고 싶은 사람

2)『인트로버트 파워』, 로리 헬고

- 내성적인 사람

- 자신의 성향을 사회와 직장에서 장점으로 활용하고 싶은 사람

3)『사람 만나면 방전되는 사람만 보는 책』, 레츠리치

- 내향적인 사람 (사회적 상호작용에서 에너지가 쉽게 소모되는 사람)

- 에너지 보존과 회복을 위한 조언이 궁금한 사람, 사회생활의 부담을 줄이고 싶은 사람

4)『진짜 게으른 사람이 쓴 게으름 탈출법』, 지이

- 스스로 게으르다고 생각하는 사람, 게으르다는 말을 들어본 사람

- 게으름을 극복에 대한 구체적이고 실용적인 방법과 전략이 궁금한 사람

5)『하마터면 열심히 살뻔했다』, 하완

- 현대 사회의 성공 지향적 분위기에 지친 사람

- 자기 자신을 돌보며 여유로운 삶을 추구하고 싶은 사람

6)『죽고 싶지만 떡볶이는 먹고 싶어』, 백세희

- 우울증과 자살 충동 등 심리적 문제를 겪어 본 사람, 겪고 있는 사람

- 위로와 일상의 작은 즐거움을 찾고 싶은 사람

위의 책들은 개인적 관심사에 근거하여 타겟층을 명확하게 식별한다는 공통점을 갖고 있습니다. 또한 개인화된 경험을 담고 있어 독자와 공감대를 형성하기가 쉽죠. 이 외에도 실생활에 적용 가능한 문제 해결법을 제시해 줍니다. 이와 같은 특징은 우리가 전자책을 기획할 때 접근 가능한 부분들이기도 해요.

100명 중 1%를 구성하는 니즈는 대중적이지 않습니다. 하지만 **그 1%가 여러분의 작은 전문성을 독창적으로 펼칠 기회를 가져다줄 겁니다.** 그런 기획을 통해 1%를 깊게 만족시킨다면, 그건 200명 중 3명으로, 500명 중 10명에게로 퍼져 나아갈 겁니다. 그렇게 **작은 지점으로부터 점차 넓은 타겟을 공략해 가는 것**이 보통 사람이 할 수 있는 가장 현실적인 브랜딩 입니다.

04

오리지널을 이기는 벤치마킹의 기술

마켓컬리의 이슬아 대표는 직접 고객 컴플레인 검토와 개선에 참여한다고 합니다. 고객의 피드백을 확인하고, 문제가 되는 사항에 대해 관련 부서와 논의한 뒤 서비스 개선을 추구하는 것이죠. 회사를 경영하는 것만 해도 수많은 일이 있을 텐데, 이와 같이 이슬아 대표는 고객 경험을 매우 중요 시 하는 것으로 보입니다. 여기서 우리는 무엇을 배울 수 있을까요?

그건 바로 **부족한 부분에서 개선점을 발견한다는 것**입니다. 기존에 만들어져 있는 체제에서 사람들이 어떤 부분을 아쉬워할지, 어디에서 불편함을 느낄지 고객들의 생생한 피드백을 반영한다는 것이죠. 이러한 사용자 중심의 접근 덕분에 마켓컬리가 지금과 같이 성공할 수 있었는지 몰라요. 그렇다면 이를 전자책을 준비하는 우리에게는 어떻게 적용시키면 될까요?

기존에 나와 있는 책들의 리뷰를 살펴보는 겁니다. 같은 주제로 출간된 책의 평가를 파악하는 거예요. 특히 집중해야 할 부분은 **사람들이 어떤 지점에 아쉬워하는지, 어떤 내용이 더 담겨 있으면 좋을지 이야기하는 부정적인 피드백**입니다.

기존에 나와 있는 책들을 부정적으로 평가하자는 게 아닙니다. 시중에 나와있는 종이책들은 출판사와의 기획 회의를 거쳐 출간이 된 것이기 때문에 저마다 나름대로의 방식에서 검증이 된 콘텐츠입니다. 하지만 그것을 존중하는 것과는 별개로 그 책들이 모든 사람을 만족시킬 수 없는 것은 사실입니다. 그 지점에서 힌트를 얻어 이를 **보완하는 방식으로 책을 구성**한다면 그 주제에 실제로 관심이 있는 독자의 불만과 요구를 직접 반영할 수 있어요.

예를 들어, 스피치라는 주제로 나와 있는 책들의 리뷰를 한번 살펴볼까요? 도서 판매 사이트에서 '스피치'라는 키워드로 검색을 해봤습니다. 그러자 한 책의 리뷰 중 이론적인 내용을 다뤄 **실제 적용이 어렵다**는 내용을 볼 수 있었습니다. 또한 특정 집단과 상황에 초점을 맞춘 내용이 많아 **다른 배경과 직업군을 가진 독자들의 필요를 충족하지 못한다**는 내용도 있었고요. 이 외에도 **시대에 뒤떨어진 내용**을 다루고 있어 업데이트가 필요하다는 내용과 발표 불안이나 대인 기피증 등과 같은 **스피치 문제를 가진 사람을 위한 내용**이 부족하다는 지적도 있었죠.

이와 같은 부정적 리뷰들은 다른 주제에 대한 책을 검색해도 크게 다르지 않습니다. 실제 적용이 어렵다거나 요즘 시대에 맞지 않다거나 아니면 특정한 상황에 있는 사람들의 니즈를 전부 다 아우르지는 못한다는 피드백을 많이 볼 수 있죠. 그렇다면 이와 같은 부정적 피드백들을 어떻게 보완할 수 있을까요?

1) 실제 적용이 어렵다: 실제 대화에서 쉽게 사용할 수 있는 구체적인 예시와 방법 보완
2) 시대에 뒤떨어졌다: 리서치를 통한 트렌드를 반영
3) 다양한 독자층의 필요를 충족하지 못한다: 세부 타겟별 접근법을 모색
4) 스피치 문제를 가진 사람들을 위한 내용이 부족하다: 특정 상황별 접근법을 모색

각각의 피드백에 대한 해결책을 제가 우측에 적어뒀습니다. 1)의 실제 적용이 어려운 것은 구체적 예시와 방법을 보완하는 것으로 보완할 수 있을 거예요. 수업, 또는 책에서 봤던 내용이나 직접 효과를 봤던 좋은 방법 중 쉽고 접근성 있는 방법들을 알려 줄 수 있다면 좋겠죠. 2)의 시대에 뒤떨어졌다는 지적은 최신의 트렌드를 조사해 반영하는 식으로 해결할 수 있는데 리서치를 통해 세태를 파악한 뒤, 이를 아우를 수 있는 해결책을 모색해 볼 수 있을 겁니다.

하지만 어떤가요? 그렇게 쉽겠다는 느낌은 들지 않을 겁니다. 실제로 이와 같은 피드백을 보완하는 것은 접근이 다소 어려워요. 조금은 폭넓은, 그리고 오랜 기간에 걸친 조사가 필요하고 해당하는 주제에 대한 전문성을 요하는 경우들도 있어요. '바로 써먹을 수 있는 말하기 실용서'나 '요즘 시대의 스피치 트렌드' 등의 책은 일반인이 다가가기 어렵습니다.

반면에 공황 장애를 앓는 이들을 위한 스피치라거나 MZ 세대와의 대화의 기술이라는 주제는 어떨까요? 3), 4)의 세부 타겟이나 특정 상황에 있는 책들은 상대적으로 초보자들이 접근하기 용이합니다. 직접 공황 장애를 겪어봤다거나 아니면 그런 이들을 가까이서 겪어봤다면 담아낼 수 있는 이야기가 많을 거예요. 해당하는 집단들에 대한 어느 정도의 리서치만 수행된다면 다음 정도의 내용은 담아낼 수 있습니다.

    – 타겟 집단의 정체성, 특징

    – 해당 주제와 관련한 타겟 집단의 어려움, 문제점

    – 어려움을 해결하기 위한 방법

    – 실제로 방법을 적용한 예시, 효과와 한계

또한 이와 같이 접근할 경우 특정 타겟에 의한 구매를 끌어내기가 용이합니다. **왜냐하면 그 책의 기획이 자신을 대상으로 했다고 생각되는 순간 읽어보고 싶다는 생각이 들기 때문입니다.** 즉, 대단히 전문적이지 않은 내용으로도 누군가를 만족시킬 수 있다는 것입니다. 타겟의 중요성이 다시 한번 강조되는 것이죠.

말하기를 주제로 종이책을 출판한다면 출판사에서 많은 직원들이 달라붙을 겁니다. 기획 회의를 거쳐 누가 책을 볼 것이며, 그 사람들은 무엇을 원하고, 어떤 지점을 공략하면 될지 고민할 겁니다. 하지만 그렇기 때문에 대중적인 내용을 다룰 수밖에 없어요. 출판사에서 투입된 인력에 대한 인건비와 인쇄비, 마케팅 비용 등을 회수하려면 많은 사람들에게 읽혀야 하기 때문입니다.

'입사 면접을 위한 스피치'라는 주제의 책은 많은 이들에게 읽힐 거예요. 하지만 '대인 기피증을 가진 사람을 위한 말하기'라는 주제는 읽는 이들이 좀 더 적을 수밖에 없죠. '프레젠테이션 잘하는 법'이란 주제는 대중적이지만 '비대면 화상 회의를 위한 스피치'는 덜 대중적입니다. 그렇기 때문에 특정 타겟을 위한 책은 별도의 비용을 들이지 않아도 리서치만 거치면 되는 전자책으로 만들어내는 게 적합합니다. **니즈는 있지만 상황으로 인해 충족될 수 없는 욕망들을 전자책이라는 가벼운 매체로 채워주는 셈이죠.**

오리지널을 이기는 것은 쉽지 않습니다. 그들은 이미 시장에서 좋은 포지션을 선점했거나 자신들만의 강한 권위와 전문성을 갖춘 경우가 많으니까요. 하지만 발상을 조금 달리하면 꼭 그들과 정면으로 경쟁을 하지 않아도 됩니다. 종이책의 특성상 작은 영역에는 전문가들이 잘 접근하지 않기 때문이죠. 권위자와의 경쟁에서 이기는 가장 좋은 방법은 그들이 진입하지 못하는 시장에서 승리하는 것입니다. 모두에게 모든 것이 되려고 하는 것이 아닌, 누군가에게 모든 것이 되는 것이 진정한 기획이라는 말처럼 말이죠.

05

단 한 명의 독자를 위해 써라

세상에서 가장 재미있는 이야기는 어떤 이야기일까요? 그건 아마 '우리'에 대한 이야기일 겁니다. 어릴 때 한 번씩은 롤링 페이퍼를 해 본 적이 있을 거예요. 반 친구들이나 같은 과 친구들이 우리에 대해 생각하는 점을 적는 종이 말이에요. 그건 그 어떤 재미있는 이야기나 만화책보다도 흥미로웠습니다. 사람들이 '우리에 대해' 적어놓은 이야기니까요.

이건 우리가 글을 읽을 때도 마찬가지입니다. 한 번씩 내용에 빠져들듯 읽히는 책은 글 자체가 재미있어 그런 걸 수도 있지만, 그 글이 '우리에 대한 이야기'처럼 느껴지기 때문에 그럴 수 있어요. 공감을 불러일으키는 거죠. 누군가에게 책이 자신의 이야기처럼 느껴지게 하는 것은 굉장히 중요합니다. 재미 이외에 동기부여를 시키기 위해서도 저자와 독자 사이에 공감대가 형성되는 것은 필수적입니다.

하지만 우리 책을 읽는 모든 사람들에게 '자신의 이야기'처럼 느껴지게 하는 것은 어렵습니다. 대상을 특정해서 책을 기획한다고 해도 연령대와 상황, 그리고 가지고 있는 생각이 다른 불특정한 사람들이 글을 읽을 테니까요. 그렇다면 어떻게 해야 할까요? 어떻게 글을 써야만 독자들과 최소한의 공감대를 만들 수 있을까요? **최소한 독자의 관점에서 쓰인 글이라는 인식을 줘야 합니다.**

수강생 중 한 분이 비슷한 고민을 했던 적이 있어요. 꾸준히 SNS에 글을 올리는데도 반응이 크게 늘어나지 않았죠. 이건 사실 좋은 상황은 아니었어요. 꾸준히, 오래 했는데도 딱히 아웃풋이 없다는 것은 잘못된 방법으로 열심히 하고 있다는 것일 수도 있으니까요. 그래서 그분의 블로그를 유심히 살펴봤는데 문제가 있다는 것을 알게 됐어요. 대부분의 글은 이런 식이었어요.

'오늘은 등산을 하다가 작은 암자에 들렀습니다. 풍경 소리는 어릴 때 시골 할머니 댁에 갔던 기억을 떠올리게 했어요. 요즘은 회사 일이 힘들고, 어린 친구들과 잘 어울리지 못해 제가 쓸모없는 사람처럼 여겨졌습니다. 우울한 기분이 많이 들었지만 저도 잘못한 것이 있겠죠. 푸념만 한다고 해서 달라질 것 없을 것 같습니다. 등산을 한 번씩 하는 것도 나쁘지 않네요. 이웃분들도 화이팅입니다.'

위의 글을 보고 다른 사람들이 재미를 느낄 수 있을까요? 아니면 공감을 한다거나 '글을 또 보러와야지.'라며 글쓴이를 인지하는 지점이 생길까요? 아마 쉽지 않을 것 같아 보입니다. 가장 큰 이유는 이 글이 읽는 이를 위해 쓰인 글이 아니기 때문이죠. 대부분의 사람들은 글을 '자신을 위해 쓰는 것'이라고 생각합니다. 하지만 그건 일기라고 불리며 공개된 공간에 쓰긴 적절하지 않은 글이 될 겁니다. 블로그를 하든, 책을 쓰든 누군가가 읽히기 위한 글을 쓴다면 가장 먼저 '읽는 이를 위해 쓰는 법'을 연습해야 합니다. 글을 제가 조금 가다듬어 볼게요.

'여러분은 스스로가 세상에서 가장 쓸모없는 사람이 된 것처럼 느껴보신 적이 있나요? 직장에서 자신이 더 이상 필요하지 않을 수도 있겠다는 그런 기분 말이에요. 세상이 빠르게 변화하는 요즘, 많은 기성세대들이 설 자리를 잃어 가는 것 같아요. 하지만 감정 자체가 우리의 기분을 결정하지 않는다는 글을 본 적이 있어요. 상황이 우울해서 우리가 우울감을 느끼는 것이 아니라, 우리가 우울하다고 받아들여서 우울한 기분이 든다는 거죠. 제가 지금 우울한 것 또한 그렇게 생각했기 때문이 아닐까 싶어요. 이럴 때일수록 집에 있지 말고 등산이라도 하며 기분을 전환해야겠습니다. 이웃분들도 어려운 일이 있더라도 긍정적인 마음을 잃지 않도록 화이팅입니다.'

새로운 내용을 더 넣지는 않았지만 독자를 위한 형태로 수정이 됐어요.

첫 문장을 글을 볼 수 있는 이들을 위한 질문으로 시작했고, 문제에 도움이 될 수 있는 정보를 제공했으며, 독자들을 위한 멘트로 마무리를 했습니다. 이렇듯 글은 철저하게 읽는 이의 시선에서 전개되어야 합니다. 이는 블로그에 포스팅을 하는 것뿐만이 아니라 책을 쓸 때도 마찬가지예요.

몰입감 있는 책을 쓰는 가장 좋은 방법은 '단 한 명의 독자'를 염두에 두고 쓰는 것입니다. 세상에는 수많은 독자가 있지만 가장 와닿는 글은 마치 독자 한 명 한 명과 눈을 맞추고 이야기하는 듯한 글이에요. 이는 독자 개개인의 깊은 공감과 관심을 끌어내는 가장 확실한 방법입니다. 쉽게 따라 하실 수 있도록 이를 위한 요령을 몇 가지 정리해 드릴게요.

첫째, **가상의 독자를 가능한 한 디테일하게 상상해서 글을 써야 합니다.** 뛰어난 소설가들은 등장인물을 설정할 때 성격은 물론 눈동자의 색깔, 걸음걸이, MBTI까지 정해둔다고 합니다. 그만큼 자신이 다룰 인물들을 세부적으로 설정하는 것이죠. 그렇다면 전자책을 쓰는 우리들은 어떻게 해야 할까요? 마찬가지로 가능한 한 디테일하게 예상 독자를 상상해 봐야 합니다. 전자책이 아닌 블로그 글을 쓸 때 역시 마찬가지입니다. 세부적으로 타겟을 잡고, 그가 어떤 상황에 있을지를 생각해 보는 연습이 필요합니다. 그러한 연습이 쌓이고 누적돼 전자책이라고 하는 호흡이 긴 글에서도 좀 더 생생하게 타겟 독자를 그려낼 수 있을 겁니다.

둘째, **가상의 독자가 무엇을 기대할지 머릿속에 들어가 봐야 합니다.**

기획이란 상대방의 머릿속에서 무슨 일이 일어날지를 예측하는 것이라고 하죠. 이처럼 우리가 글의 제목을 정했을 때, 글의 서론을 썼을 때 등 각각의 상황에서 독자는 어떻게 느낄지 예측하는 연습을 해야 합니다. '내가 생각한 것과 같이 독자도 이 지점에서 흥미를 느낄까? 이 문장 뒤에 이 내용을 넣는 것을 자연스럽다고 여길까?'와 같이 끊임없이 독자가 느낄 반응을 고려해야 합니다. 물론 공감이라는 것은 개인의 경험과 살아온 환경 등에 의해 다르게 생겨날 수 있습니다. 하지만 우리가 타겟으로 삼은 독자층에 이입해, 그들이 공감할 가능성이 높은 방식으로 글을 전개하는 것이 좋은 반응을 얻을 수 있는 방법입니다.

셋째, **독자가 필요한 것을 내어줘야 합니다.** 우리가 글을 쓰는 플랫폼에 찾아올 독자가 우리에게 원하는 것이 무엇인지 생각해 봐야 합니다. 그들이 바라는 것이 공감일지, 위안일지, 또는 재미일지 반응을 살펴야 합니다. 댓글 등의 반응을 살피며 다수의 독자가 바라는 것이 무엇인지 파악하고, 그에 부응할 수 있는 형태로 글을 가다듬을 필요가 있습니다.

글쓰기는 쉽지 않습니다. 고려해야 할 것도 많고 지켜야 할 원칙들도 많지요. 하지만 희망적인 건 우리의 목표가 신춘문예에 나가거나 문인 등단이 아니라는 겁니다. 우리가 하고자 하는 것은 경험과 지식을 전자책을 통해 초보자에게 알려주려는 거예요. 그렇기 때문에 너무 많은 것을 신경 쓸 필요는 없습니다. 우선은 여러분의 전자책은 '철저하게 독자 위주로 쓰여야 한다는 것'만 기억하세요. 우연히 발견한 글의 저자가 나에게 말을 거는 것처럼 느껴질 때, 나와 교감하며 친절하게 무엇인가 손에 쥐여주려고 애쓸 때 우리의 마음이 움직이고 동기부여가 됩니다. 책을 보고 당장 움직여 무언가 행하고 싶어질 때, 그 책은 좋은 책이었다고 말하게 될 겁니다.

06

읽어보고 싶은 책은
기획서에서 나온다

기획서라는 말을 들으면 어떤 기분이 드세요? 보통의 경우 외면하고 싶은 일처럼 느껴질 겁니다. 그건 어찌 보면 당연합니다. 대부분의 사람들이 '기획'이라는 개념 자체에 낯설고 잘 접할 일이 없기 때문입니다.

하지만 기획서는 오히려 그런 사람들을 위해서 필요합니다. 따로 방향을 잡아 줄 가이드가 없어도 알아서 길을 잘 찾아갈 줄 아는 사람이라면 크게 필요가 없을 겁니다. 하지만 대부분의 사람들은 길을 잃거나 중간중간 멋있어 보이는 풍경에 정신이 팔려 멍을 때리기 쉽죠. 책을 써 본 적이 없는 여러분이 전자책이라는 목표를 달성하기 위해서도 이정표가 필요하고, 방향을 벗어났을 때 다시 길을 찾게 할 내비게이션이 필요합니다. 그런 역할을 해줄 수 있는 것이 바로 기획서입니다.

기획서는 원래 종이책을 준비하는 분들이 원고를 완성한 단계에서 출판사에 투고 메일을 보내기 위해 작성하는 서류입니다. 그렇기 때문에 전자책을 준비하는 분들께는 필요가 없다고 생각할 수 있죠. 하지만 꼭 그렇지는 않아요. 출간 기획서는 출판사마다 고유의 양식을 갖고 있기도 공통적으로 어떤 내용을 갖고 있는지 주로 등장하는 항목을 한번 살펴보겠습니다.

1) 집필 동기: 원고를 어떤 계기에서 작성하게 됐는지

2) 대상 독자: 어느 연령대의, 어떤 상황에 있는 독자를 대상으로 하는지

3) 핵심 주제: 전달하고자 하는 핵심 주제를 간략하게 요약하면?

4) 기존 출간된 책 중 유사 도서: 이미 시판된 도서 중 비슷한 책이 있는지

5) 해당 원고의 유사 도서와의 차별점: 유사 도서와는 어떤 부분이 차별화되는지

6) 원고의 장점: 원고의 장점은 무엇인지

7) 마케팅 아이디어(있을 경우 기재): 원고를 홍보할 아이디어가 있는지

기획서의 항목들을 살펴보니 어떤가요? '내가 이런 걸 어떻게 써.'라며 힘이 빠지실 수도 있지만 이는 분명 생각해 봐야 하는 부분입니다. 전자책에는 기획서 작성과 출판사 투고, 그리고 출간 회의 단계가 없다고 이런 고민들을 하지 않아서는 안 됩니다. 적당히 하고 싶은 내용으로 전자책을 쓰고 만족할 것이 아니라면 최소한의 기획적 접근이 필요합니다.

기획서는 우리의 전자책을 객관적으로 바라보게 해줍니다. 우리가 책을

쓰는 동기는 대부분 우리 내부로부터 나옵니다. 수강생들 대부분을 살펴보면 책을 쓰고자 하는 이유는 자기 계발을 위해서거나 자신의 과거를 달래기 위해서라고 합니다. 이는 좋은 목표이지만 자세히 살펴보면 '우리 자신을 위한' 목표입니다. 하지만 좋은 책은 그런 이유만으로 탄생하기는 어렵습니다. **독자들에게 선택받을 책은 철저하게 '읽는 이'에 초점이 맞춰져야 합니다.**

이 부분은 우리가 인식하고 있다고 생각지만 실제로 가장 크게 괴리가 발생하는 부분입니다. 초보 작가는 내가 얼마만큼 힘들었는지, 이 책을 위해 얼마나 많은 시간을 들였는지 등의 이유를 들며 자신의 책이 선택받아야 한다고 말합니다. 하지만 독자의 입장에서는 그건 단순한 푸념이거나 관심 없는 열정의 기록일 수 있습니다.

기획서는 그런 투박함을 독자에게 필요한 형태로 가다듬어 줄 수 있습니다. 기획서를 쓰다 보면 독자가 누구인지, 그들에게 전달하고자 하는 메시지는 무엇인지, 왜 이 책을 읽어야 하는지 등을 깊게 고민하게 됩니다. 그런 과정들을 통해 여러분은 쓰고자 했던 내용들 대부분을 수정하거나 아예 새로운 내용을 기획하게 될 수도 있습니다. 그만큼 기획적인 고민은 필수적인 것이죠.

위의 항목들로 다시 돌아가서 보겠습니다. 저 중 대부분의 항목들은 전자책을 쓰는 단계에서 고민하지 않아요. 심지어는 종이 책도 마찬가지죠.

원고를 전부 쓴 다음 투고를 보내기 위해 기획서를 쓸 때, 질문 항목을 보고 뜨끔 하는 경우들도 있어요. '아, 내가 이걸 고민하지 않았구나.', '그러게? 내가 다른 기존의 책과 다른 차별점이 뭐지?' 그 이후에 고민하고, 그 내용을 원고에 반영하는 건 늦습니다. 전체적인 구성을 바꿔야 할 수도 있고 이미 그 단계에선 여러분의 에너지가 고갈됐기 마련이거든요.

그렇기 때문에 대략적인 주제를 정했다면 기획서에 담긴 항목들만큼은 최소한 고민을 해봐야 합니다. '쓰다가 보면 적당히 좋은 이야기가 나오겠지.'라는 생각은 굉장한 착각이에요. 어디에 쏘는지도 모르고 날려대는 화살에 그럴싸한 사냥감이 맞게 되는 일은 없습니다. 대부분은 쓸데없는 곳에 박히거나 날아가다 바닥에 떨어지게 되겠죠. 우리의 노력이 그렇게 쓰여서는 안 돼요. 좀 더 제대로 된 성과가 있어야 합니다. 그런 면에서 기획서 작성은 집필 전에 '이 책을 왜, 어떻게 써야 하는지'에 대한 답을 찾는 과정입니다. 이 과정을 통해 구체적이고 실현 가능한 계획을 세우며, 이는 당신이 성공적인 책을 세상에 내놓을 수 있는 초석을 다지는 작업이 됩니다. 따라서, 책을 집필하기 전에 출간 기획서를 세밀하게 작성하는 것은 단순히 선택이 아닌 필수입니다.

그래야 여러분이 책을 냈을 때 지인들만 사주는 게 아니라 불특정 다수에게 읽힐 수 있습니다. 그렇게 해야만 객관적인 리뷰가 달리고, 여러분의 팬이 생길 수 있어요. 그렇게 여러분이 생산한 콘텐츠가 세상 누군가에게 도움이 되었다는 증거를 목격해야 다음번 콘텐츠를 만들어 낼 힘이 생깁니다. 우리가 반드시 대단한 무언가를 만들어 내야 하는 것은 아니지만 의미 없는 개인의 기록으로 끝나지 않게 하는 것. **이를 통해 여러분이 생산자로서의 삶을 경험하고, 여러분만의 작은 브랜드를 만들 수 있습니다.** 이를 위해서 반드시 전자책 작성 전 기획서를 써봐야 합니다.

07

작은 성공은 기획으로 가능하다

무언가에서 성공하기 위해서는 뭐가 필요할까요? 비범한 능력? 의지? 끈기? 그것들도 맞습니다. 하지만 크게 성공하기 위해서는 시대의 흐름과 운이 맞아야 합니다. 내가 기획한 콘텐츠가 어떠한 계기를 통해 많은 사람들에게 노출이 되거나 특정한 상황에 있는 사람들에게 집중적으로 소비되어야 큰 성공을 볼 수 있죠.

하지만 그걸 우리가 만들어 내기는 어렵습니다. 기업 차원에서 마케팅 자본을 투입하거나 유명 인플루언서가 작정하고 광고하지 않는 이상 쉽지 않지요. 설령 그렇게 한다고 해도 대중의 선택을 받기란 쉽지 않습니다.

그렇다면 성공은 그렇게 멀기만 한 걸까요? 우리는 꿈꿔서는 안 되는 걸까요? 꼭 그렇지만은 않아요. 큰 성공은 어려운 것이 맞지만 작은 성공은 또 이야기가 다르거든요. 우리가 넓지 않은 지점을 깊게 만족시키기로 마음먹는다면 그런 작은 성공은 훌륭한 기획으로 가능합니다.

여러분이 식당을 한다고 예를 들어 보겠습니다. 여러분이 브랜딩을 막 시작한 것과 같이 식당도 다르지 않아요. 이것저것 알아본 뒤에 개업을 했지만 아직 유명하지 않고 운영 경험도 깊지 않죠. 그런 상황에서 큰돈을 투자해 강남역 인근에 가게를 얻었다고 해보겠습니다. 하지만 역세권의 임대료는 너무 높아서 역에서 몇 골목 떨어진 곳에 가게를 얻었어요. 역세권 주변은 유명하고 자본이 많은 유명 식당들의 차지이죠.

그렇다면 여러분은 어떻게 해야 할까요? 강남역 주변에 있는 다른 식당들을 가보고 그들과 같은 컨셉을 잡는 게 맞을까요? 그들과 비슷하게 인테리어에도 큰 비용을 들이고, 직원들을 여럿 채용한 뒤 테이블마다 자동 결제가 가능한 스마트 테이블을 설치해 두면 식당을 성공시킬 수 있는 걸까요? 글쎄요. 그런 것보단 우선 고객들이 어떤 과정을 거쳐 우리 식당에 들어오게 되는지를 살펴봐야 합니다.

그들은 강남역에서 내린 뒤 길을 걸어오며 수많은 식당을 지나쳐 왔습니다. 모던하고 세련된 인테리어와 SNS에 올리기 좋은 포토스팟을 가진 식당들, 다양한 고객층을 타겟으로 하는 퓨전 요리와 시즈널 메뉴들을 갖춘 식당들을 지나쳐왔죠. 그런 식당들은 각종 이벤트와 SNS를 활용한 프로모션으로 분주해요.

그런 화려한 식당들을 지나고 지나 몇 골목 떨어진 여러분의 식당에 누군가 들어왔습니다. 그렇다면 생각해 봐야 해요. **그들이 여러분에게 원하는 건 뭘까요?** 다른 식당들과 같이 볼륨이 큰 음악이 나오는 힙한 분위기나 인스타 이벤트, 아니면 디지털 메뉴판 같은 것들을 기대하고 오는 걸까요? 고객마다 바라는 점은 다를 수 있지만 그럴 확률은 낮다고 생각됩니다. **왜냐하면 그들은 이미 그런 특징을 가진 식당들을 지나쳐 왔기 때문이죠.**

조용하고 차분하게 대화할 수 있는 분위기나 개성 있는 인테리어, 아니면 합리적인 가격이나 따뜻한 서비스 등 그들과는 조금 다른 걸 기대할 확률이 높습니다. 이와 같은 논리가 적용되는 건 브랜딩 시장도 다르지 않아요. 여러분이 전자책을 쓰고 그와 관련한 온라인 강의 콘텐츠를 개발했다고 해보겠습니다. 커리큘럼도 짜고 홍보 글도 그럴싸하게 써서 블로그에 올렸어요. 그렇다면 마찬가지로 생각해 봐야 합니다. **사람들은 어떤 과정을 거쳐 여러분의 글에 들어오게 될까요?** 이해를 돕기 위해 스피치 강의 홍보 글을 올렸다고 해볼게요.

말하기에 어려움을 가진 누군가가 검색창에 검색어를 입력합니다. '스피치 강의', '말 잘하는 법' 등의 키워드를 입력했어요. 검색 결과 상단에는 파워링크 등의 유료 광고가 맨 먼저 올라옵니다. 스크롤을 내려서 아래로 내려갑니다. 파워링크에 있는 강의는 이미 들어봤지만 크게 도움이 안 됐거든요. 그렇게 스크롤을 내려가니 네이버 블로그 탭 상단에 있는 글들이 보입니다. 아나운서 출신의 스피치 강의, 유명 유튜버의 강의, 기업 전문 강사들의 강의 등 많은 홍보글이 나와요. 글들을 한 번씩 들어가 보지만 강의를 신청하지는 않습니다. 그들의 홍보글에는 원하는 게 없었거든요. 그렇게 계속해서 페이지를 넘깁니다. 다들 비슷한 이야기를 하는 와중에 무심코 글 하나를 누르게 돼요.

그렇게 너댓 번 정도 페이지를 넘긴 뒤에 별생각 없이 발견한 글 하나. 그게 바로 여러분이 쓴 글이 될 겁니다. 다른 유명한 이들의 글과 강의 소개가 만족스럽지 않아 여러 번의 페이지를 넘긴 뒤에 만나게 되는 글, 거기가 우리가 발견되는 지점이라고 할 수 있습니다. 네이버의 검색 로직은 계속해서 달라지지만, 브랜딩을 오래 해 온 이들의 글이 먼저 노출되는 건 변하지 않을 테니까요.

이와 같은 상황을 인지하고 나면 이제 우리가 강의를 어떻게 기획해야 할지 생각할 수 있습니다. 그건 다른 유명한 이들의 강의를 흉내 내는 것도 아니고, 부족한 전문성이 있어 보이도록 포장하는 것도 아니에요. 그런 이들의 글을 지나쳐 온 이들이기에 그런 접근은 환대받지 못할 겁니다. 그 것보다는 우리가 할 수 있는 부분을 공략하는 게 좋아요.

그건 여러 가지가 될 수 있습니다. 아나운서처럼 애초에 말을 잘했던 강사는 말이 어려워하는 자신을 이해 못 한다고 생각했다거나 널리 알려진 대중적인 강의가 자신의 특수한 상황을 포괄하지는 못한다고 생각할 수도 있죠. 하지만 그렇게 우리 글에 우연히 들어온 소중한 잠재 고객을 그냥 떠나보내는 건 아쉽습니다. 가급적 그들을 만족시켜 우리 강의를 듣게 하고, 이를 통해 브랜딩을 해 나아가야 해요. 그렇다면 그들을 어떻게 만족시킬 수 있을까요? 우리보다 먼저 검색되는 강의를 듣지 않은 이유는 제각각일 텐데, 어떻게 하면 그들의 니즈를 찾아낼 수 있을까요?

프리토타입(Pretotype)이라는 용어가 있습니다. 시제품을 의미하는 프로토타입의 이전 개념으로 제품이나 서비스가 만들어지기 전에 그게 잘될지를 가늠할 수 있는 마케팅 도구에요. 예를 들어, 배달의 민족은 앱을 개발할 때 사람들이 자신을 통해 음식을 시켜 먹을지가 궁금했어요. 하지만 그걸 알기 위해 고객의 주문이 식당으로 넘어가는 시스템을 구축하고, 수많은 식당들과 가맹을 맺기엔 비용이 너무 많이 들었죠. 그래서 초반 얼마 간은 주문이 들어오면 자신들이 식당에 직접 전화를 거는 식으로 운영을 했습니다. 비용을 들이지 않고도 자신들의 서비스가 이용될지를 알 수 있는 방법을 취한 거죠.

이 도구를 끌어다 우리의 고민을 해결할 수 있습니다. 사람들이 우연치 않게 우리 콘텐츠를 발견했을 때, 그들의 니즈를 충족할 확률을 높이는 데 쓸 수 있는 거죠. 위에서 예를 들었던 스피치 강의를 만들기 위해서는 많은 시간을 들여 리서치를 하고, 교안과 스크립트를 짜야 합니다. 여기에는 넉넉잡고 한 달 이상이 걸릴 겁니다. 대부분의 사람들은 먼저 그 한 달을 투자합니다. 열심히만 준비하면 누군가 들어 주겠지라는 마음으로 고가의 마이크를 먼저 구입하면서요. 하지만 결과는 어떨까요? 그 결과가 꼭 좋지는 않을 수도 있습니다. 그리고 안타깝게도, 그럴 확률이 조금 더 높습니다.

그렇기 때문에 먼저 시장의 니즈가 있을지 확인해 봐야 합니다. 강의를 런칭할 거라면 우선 콘텐츠 컨셉과 접근 전략, 타겟층 등의 정보를 부분적으로 블로그 등의 SNS에 올려보고 그 의견들을 반영해서 강의를 런칭 해야 합니다. 그 내용들을 반영하여 콘텐츠를 기획하면 대중적인 강의에 만족하지 못했던 이들이 우연히 우리 강의를 발견하고 실제로 구매가 이루어질 수 있어요.

이와 같이 좋은 콘텐츠를 만들겠다고 일방적으로 퀄리티를 높이는 게 아니라, 타겟들이 원하는 바를 사전에 파악할 수 있는 기획력이 있다면 작은 성공은 충분히 가능합니다. 브랜딩을 처음으로 시작하는 여러분들은 반드시 성공해야 해요. 그래야만 다음이 있을 수 있습니다. **손을 대는 일마다 성공을 시키는 사람은 이런 부분에서 뛰어난 것일 수 있어요. 손을 대는 것마다 성공을 시키는 것이 아니라, 성공할 일에만 시도를 하는 것이죠.**

콘텐츠 기획하기

보통의 주부 (아영)

부르크쓰: 안녕하세요, 아영님. 과제 하느라 고생하셨어요. 이번 주는 아영님이 보내주신 과제를 기반으로 본격적으로 **콘텐츠를 기획**해 볼 거예요.

아영: 네, 뭘 만들어낼 수 있을지 정말 기대되네요.

부르크쓰: 그럼 과제 함께 보면서 이번 주 수업 진행해 볼게요.

- 과제1. 후보 주제 1, 2순위 정하기
  1) 아이 둘 엄마가 알려 주는 독서 습관 들이는 법 (독서 육아법)
  2) KAC 코치(임상심리상담사)가 해주는 심리 상담
- 과제2. 후보 주제 1순위에 관심을 가질 사람 3명 묘사하기
  1) 자녀들에게 독서 습관을 들이고 싶은 부모들 – 핵심 타겟
  2) 자녀 교육에 관심이 많은 부모들 – 확장 타겟
  3) 육아 중에 자기 시간을 갖고 싶은 부모들 – 간접 타겟
- 과제3. 1순위로 정한 주제와 유사한 도서 검색하기

과제1을 먼저 볼게요. 독서 육아법에 대한 주제를 1번으로 고르셨군요.

아영: 네. 책의 3장에 나오는 예민한 부분에서 성공의 단서를 찾을 수 있다는 내용이 공감이 많이 갔거든요. 주변에 물어보니 독서 육아법에 대한 쉬운 책이 있으면 좋을 것 같다는 이야기도 들었고요. 하지만 2번 주제도 여전히 관심이 크긴 해요.

부르크쓰: 네, 우선은 좋아요. 우리가 평생 꼭 1가지 주제로만 책을 써야 하는 건 아니에요. 하지만 시간과 에너지가 유한하니 가장 콘텐츠로 만들기 좋은 주제로 전자책을 써보고 다른 것도 생각해 보시면 좋겠네요. 그럼 과제2를 볼게요. 제가 과제 해오신 것 옆에 핵심 타겟, 확장 타겟, 간접 타겟이라고 적어뒀는데, 어떠세요? 아영님 주제에 관심을 가질만한 사람들이 잘 그려지던가요?

아영: 네. 사실 구체적으로 그려지지는 않아서 제 주변에 있는 사람들을 생각하며 적어봤어요. 실제로 아는 사람 중에 독서 습관을 들여 준 걸 신기해하던 지인들을 떠올리다 보니 그렇게 어렵지는 않더라고요.

부르크쓰: 너무 좋네요. 과제에는 간단하게 한 문장으로 적어주셨지만, **콘텐츠를 기획하며 소비자를 생생하게 그려보는 건 꼭 필요한 접근**이에요. 그들이 어떤 상황에 있을지, 어떤 걸 어려워할지, 그걸 해결하기 위해 무슨 정보가 필요할지 구체적으로 상상하면 상상할수록 독자에게 필요한 콘텐츠를 만들 수 있을 거예요. 전달력 또한 높아질 거고요. 그럼 바로 3번 과제로 넘어가 볼게요. 비슷한 책을 검색해 본 건 어떠셨나요?

아영: 과정 자체는 재밌었어요. 전에는 몰랐는데 책을 쓰려고 하면서 보니까 작가들이 어떤 부분에 힘을 줬는지가 조금씩 보이더라고요. 얼른 책을 쓰고 싶다는 생각에 설레기도 했고요. 그런데 고민스러운 부분이 생겼어요.

부르크쓰: 혹시 그 고민이 **'저렇게 책이 많은데 내가 거길 비집고 들어갈 수 있을까?'**하는 건가요?

아영: 어떻게 아셨어요? 딱 그 생각이 들었어요. 이미 독서 육아법에 대한 책들은 많더라고요. 저도 부르크쓰님 수업을 듣고 용기를 내 보긴 했는데, 고민이 되는 부분을 여쭤보고 싶었어요.

부르크쓰: 네, 그럼요. 편하게 말씀하세요.

아영: 고민이 되는 건 '전문성이 강한 저자들 사이에서 내가 경쟁력이 있을까?'예요. 독서 육아 책의 저자는 독서, 논술 교육 전문가 이거나 어린이 교육 프로그램 PD도 있고, 국문과를 나와서 독서 지도를 해 온 분들도 계세요. 그렇게 독서 육아를 위해 평생을 살아온 것 같은 사람들이 책을 쓰는데, 제가 책을 쓰는 게 말이 될지….

부르크쓰: 그렇게 생각하실 수 있어요. 당연합니다. 누군가가 가진 권위와 전문성이라고 하는 건 분명 존중할 만한 것이니까요. 그럼 다른 예시를 한번 들어 볼게요. 아영님은 대학교에서 어떤 걸 전공하셨죠?

아영: 사회 복지과를 나왔어요. 그래서 대학생 때 공무원 시험을 준비하다가 졸업하면서 바로 사회 복지과 공무원이 됐죠.

부르크쓰: 그럼 대학교 4년 내내 사회 복지에 대한 걸 공부 하셨겠군요.

아영: 그럼요. 지겨워 죽는 줄 알았어요. 그때만 해도 14년이나 사회 복지 일을 하게 될 줄은 몰랐지요.

부르크쓰: 네. 그럼 4년이나 공부해서 이론을 갖추고, 업무에 투입되니 어떠셨나요? 학교에서 배운 대로 실무가 잘 흘러가던가요?

아영: 아니요? 학교에선 통제가 안 되는 민원인이나 악성 민원 같은 건 배우질 못했어요. 이론은 이론일 뿐 실무는 아예 다른 영역이었어요. 지금 하시려는 말씀이 혹시 이론과 실전이 다르다는 이야기인가요?

부르크쓰: 맞아요. 아영님이 **실제로 겪으신 것처럼 이론은 이론일 뿐 현실은 그렇게 흘러가지 않죠.** 독서와 관련된 것들을 평생 연구한 사람들이라고 해도 현실을 전부 아우르는 이론을 만들기란 쉽지 않아요. 다양한 사례와 시행착오를 다뤄봤을 수는 있지만, 그건 연구 분야에 한정된 경험일 수 있고요. 그분들의 책은 저마다의 장점이 있겠지만 아영님이 추구하는 것과는 다를 거예요.

아영: 확실히 그렇겠군요. 죄송하지만 그래도 기가 죽는 건 어쩔 수 없는 것 같아요.

부르크쓰: 그럴 수 있어요. 죄송하실 필요도 없고요. 그렇다면 조금 다르게 접근을 해 볼게요. 그런 전문적인 지식과 경험을 갖춘 이들과 다른 아영님만의 장점은 무엇이 있을까요? 아니, 조금 더 답하기 편하게 여쭤 볼게요. **그들과 아영님의 차이점은 뭘까요?**

아영: 전문성이 깊지 않다는 것요?

부르크쓰: 그것도 맞죠. 그럼 그 전문성이 덜한 대신에 아영님에겐 뭐가 있죠? 그러니까, 애초에 우리가 이 주제를 생각할 수 있었던 이유는 뭐였죠?

아영: 아이들에게 독서 습관을 들여줬다는 거요? 아이들에게 습관을 들여주면서 겪었던 시행착오가 있고, 어떻게 하면 책을 읽게 할 수 있구나라는 걸 배웠고… 또 그건 어느 정도 시간이 걸리는구나 그리고 어느 시점에 그걸 시작해야 하는구나에 대한 경험이 있어요. 음. 그렇네요. **제가 갖고 있는 건 이론보다는 실제 경험이네요.**

부르크쓰: 네, 바로 그거예요. 아영님에게는 자신의 아이들을 대상으로 독서 육아를 해봤다는 생생한 경험이 있으세요. 물론 기존에 나와 있는 책들에도 자신들의 경험이나 실제 사례를 일부 포함하고 있을 거예요. 하지만 24시간 동안 아이 둘을 돌보며 독서 습관을 들여본 이들은 많지 않을 거예요. 이론 위주로 구성된 책들에 비해 성향과 나이대가 다른 아이들을 비교하며 겪은 경험은 분명 흔치 않은 경쟁력이 될 겁니다. 세부적인 디테일은 목차를 짤 때 좀 더 깊게 고민하겠지만 이건 충분히 기획해 볼만한 콘텐츠가 아닌가 싶어요. **설령 기획 의도가 비슷한 책이 있다고 해도, 그걸 어떻게 풀어내느냐에 따라 전혀 다른 콘텐츠가 될 수도 있고요.**

아영: 그렇군요. 없는 세부 시장을 개척하는 것이라기보다는 이미 있는 시장을 조금 다르게 접근하는 건가 보네요.

부르크쓰: 네, 우리가 생각하는 지점들이 각기 다양하고 **시장도 계속해서**

변화하고 있으니 때에 따른 유연한 접근이 필요하지요.

아영: 네, 그래도 조금 용기가 생겼어요. 저에게도 저만의 강점이 있고, 꼭 전문성이 깊은 사람만 책을 쓸 수 있는 건 아닌 건가 봐요.

부르크쓰: 그럼요. 물론이죠. 사실 무언가를 처음 배울 때 박사님이나 교수님들이 쓴 책을 골랐다가 고생한 경우들이 많잖아요? 연구를 오래 하신 분들의 책은 내용이 깊고 얻을 게 많지만, 그걸 내 것으로 소화하기가 어려우니까요. 그렇기 때문에 **비전문가가 쓴 책들이 더 잘 와 닿는 경우도 많아요.** 그들은 평범한 사람들이 어떤 걸 필요로 할지, 어떤 부분을 어려워할지 잘 공감할 수 있으니까요.

아영: 너무 다행이에요. 저한테도 내세울 수 있는 부분이 있다는 걸 알았으니, 그걸 최대한 잘 활용해 보면 될 것 같아요. 얼른 글을 써보고 싶네요.

부르크쓰: 잘됐네요. 다음 주 과제가 마침 한 꼭지, 즉 챕터를 써보는 거거든요. 우선은 책의 4장 내용을 참고해서 자유롭게 한번 써보시고 다음 주에 저와 같이 살펴볼게요. 이번 주도 수고하셨습니다.

- 과제1. 책 제목 정하기 (가제)
- 과제2. 책에 쓸 내용 10가지 고민해 보기 (제목, 대략적인 내용)
- 과제3. 초안 1꼭지 써보기

보통의 장년 (지애)

부르크쓰: 지애님 안녕하세요, 한 주간 잘 지내셨나요?

지애: 네, 부르크쓰님. 덕분에요. 그런데 과제가 조금 어려웠어요.

부르크쓰: 괜찮아요. 그러실 수 있어요. 내용을 같이 보면서 한번 이야기
해 볼게요.

> - 과제1. 후보 주제 1, 2순위 정하기
>   1) 정리해고된 사람이 알려 주는 은퇴 이후의 삶
>   2) 50대가 알려주는 블로그 하는 법
> - 과제2. 후보 주제 1순위에 관심을 가질 사람 3명 묘사하기
>   1) 퇴직/은퇴 이후 앞길이 막막한 사람들 – 핵심 타겟
>   2) 퇴직을 앞두고 인생 2막을 준비하려는 사람들 – 확장 타겟
>   3) 50대 이후의 자아실현을 하고 싶은 사람들/외로운 사람들 – 간접 타겟
> - 과제3. 1순위로 정한 주제와 유사한 도서 검색하기

우선 1번 주제를 정리해고 된 사람이 알려 주는 은퇴 이후의 삶으로 정하
셨더라고요.

지애: 맞아요. 아무래도 지금 제 상황에 대한 걸 적는 게 가장 쓸 말이 많
을 것 같았거든요. 그런데 부르크쓰님 혹시, 주제는 꼭 1가지 내용으로 해

야 할까요?

부르크쓰: 아니요. 꼭 그럴 필요는 없지요. 어떤 것 때문에 그러세요?

지애: 1번을 주제로 해서 책을 쓰는 걸 생각해 봤는데, 쓸 말이 생각보다 많지 않을 것 같더라고요. 그리고 제가 보내고 있는 은퇴 이후의 삶에 블로그가 포함되기도 하니까 한번 여쭤봤어요.

부르크쓰: 네, 그런 말씀이라면 물론이에요. 후보 주제는 어디까지나 중심 주제이지, 그걸 **구성하는 단계에서 어색하지 않은 내용이라면 얼마든지 포함이 될 수 있어요.** 이제 다음 주 과제로 책에 담을 내용을 10가지 구상해 오게 되실 건데, 거기에 포함시키면 되세요.

지애: 네, 그나저나 걱정이네요. 제가 지금 딱히 잘살고 있는 것 같지는 않은데 누군가 제가 살고 있는 이야기를 궁금해할지 말이에요.

부르크쓰: 그러면 지애님이 생각하시는 잘살고 있는 50대의 삶이란 어떤 건가요?

지애: 우선 저처럼 조기 명퇴를 당한 사람은 아닐 것 같아요. 대기업 임원 출신에 서울에 집도 사놓고, 남편이랑 해외여행을 다니면서 자식들에게 용돈도 두둑이 주는 그런 삶이겠죠.

부르크쓰: 그렇군요. 그렇다면 한번 생각해 볼게요. 지애님이 서점에 갔는데, 말씀하신 것처럼 대기업 임원 출신에 서울에 좋은 집도 있고, 부부가 크루즈 여행도 다니면서 풍족하게 지내는 그런 저자의 삶이 담겨있는 책을 발견했다고요. 지애님은 그 책을 볼 것 같으세요?

지애: 생각해 보니 별로 보고 싶지는 않을 것 같네요.

부르크쓰: 그래요. 그런 멋진 인생을 살고 있는 이들이 삶 자체는 부럽지요. 하지만 그걸 보고 우리가 얻을 게 있을까요? 그분이 만약 우리에게 자신과 같이 잘 살 수 있는 방법을 알려줄 수 있고, 그게 우리가 실제로 따라할 수 있는 내용이라면 그건 분명 좋은 콘텐츠일 거예요. 하지만 글쎄요. 공감을 불러일으키지 못하는, 그리고 독자에게 배울 거리를 남겨주지 못하는 화려함은 결국 자기 자랑으로 여겨질 뿐이에요. 일부 유명인들의 삶이 아니라면 사람들에게 널리 읽히지는 않을 거예요.

지애: 그렇군요. 꼭 제 삶이 선망받는 상황은 아니어도 나눌 거리가 있으면 되는 거군요.

부르크쓰: 그럼요. 누구나 자신의 상황은 조금 보수적으로 보는 경향이 있어요. 음, 정 그러시다면 상황을 조금 더 객관적으로 보실 수 있도록 제가 지애님이 쓸 수 있는 콘텐츠를 조금 정리해 볼게요.

지애: 네, 부탁드릴게요.

부르크쓰: 이건 말로 설명하는 것보다 적어서 드리는 게 조금 더 이해가 쉬우실 것 같네요. 우선은 굵직한 구조만 한번 살펴볼게요.

1. 인트로: 회사로 출근하는 평범한 일상은 하루아침에 부서질 수 있다

　　→ 평범한 사람들이 자신의 이야기로 인식할 수 있도록 작성

2. 본문

　　1) **이른 퇴직:** 잘 나가던 제1금융권 부장도 50대 초반에 잘릴 수 있다(회사 생활 이야기, 퇴직 상황).

　　→ 30, 40대들에게는 경각심. 50대, 60대들에게도 공감이 가는 현실적인 내용. 평온했던 직장 생활 시기를 언급하며 누구에게도 찾아올 수 있다는 것을 표현할 수 있을 것

　　2) **창업 실패담:** 퇴직하면 어떻게 되겠지란 생각은 폐업을 불러올 뿐이다 (카페 창업 계기, 폐업 과정).

　　→ 은퇴 전의 평범한 직장인이 겪지 못하는 귀중한 경험. 마찬가지로 공감과 경각심을 불러일으킬 것

　　창업 준비, 창업 후, 상황이 악화되는 과정 등 세부적인 내용을 담고, 창업 후 연차별 폐업률 찾아 넣으며 설득력을 더할 수 있을 것

　　3) **퇴직 준비:** 예기치 못한 퇴직이 찾아오기 전 준비를 해야 한다(자산을 쌓는 것 + 플랜 B).

　　→ 지애님의 전철을 밟지 않도록 기회가 있을 때 준비해야 한다는 내용 자산을 쌓는 것 이외에도 매달 필요한 생활비가 나올 수 있는 각자의 방법을 연구해야 한다는 것

3. 아웃트로: 은퇴 이후의 현실적인 삶

　　→ 은퇴 이후의 모든 삶에는 비용이 따른다는 것. 일상과 취미, 자식들과의 관계에도 돈이 든다는 것. 준비가 안 됐을 때 주어지는 시간은 불행한 색을 띨 수 있다는 내용으로 마무리

우선 제게 말씀 주신 지애님의 상황을 기반으로 쓸 수 있는 내용은 위 정도가 될 것 같아요. 여기에 지애님이 말하고자 하는 내용을 추가해 가면서

구조는 조정하시면 될 것 같고요.

지애: 내용을 너무 잘 정리하셨네요. 저보다 저를 더 잘 아는 것 같아요.

부르크쓰: 지애님도 숙달이 되면 충분히 하실 수 있어요. 그것보다 제가 이걸 보여드리며 말씀드리고자 했던 건 **지애님이 갖고 계신 경험과 상황이 누군가에게는 꼭 필요한 것이 될 수 있다는 거예요.** 위에 적어 놓은 내용의 책이 나온다면 분명 미래가 불안하지만 '어떻게든 되겠지.'라고 생각했던 많은 직장인들의 공감을 살 거예요. 당장 저만해도 궁금한 개요인 것 같은데요?

지애: 네, 저는 너무 좋네요. 사실은 제가 세상에서 쓸모없는 존재가 된 것만 같았는데, 누군가에게 나눌 거리가 있다니 정말 위안이 돼요.

부르크쓰: 그런 사람은 없어요. **누구나 자신만의 강점이 있고, 살아온 생애를 바탕으로 도움이 되는 이야기를 할 수 있어요. 그런 걸 발견하지 못했다면 아직 자신을 충분히 들여다보지 못했을 뿐이죠.** 그럼 좀 전까지 드린 말씀으로 과제 2번까지는 어느 정도 정리가 된 것 같으니 3번으로 넘어갈게요. 지애님이 쓰시려는 책과 비슷한 내용의 책을 좀 찾아보셨나요?

지애: 네. 찾아는 봤는데 그게 잘 안 나오더라고요. 제가 검색을 잘 못했나 봐요.

부르크쓰: 아니에요. 저도 검색을 해봤는데 생각보다 책이 많지는 않더라고요. 퇴직 이후의 현실적인 삶을 이야기하는 책보다는 '은퇴 이후에 어떻게 슬기롭게 살 것인가.'라는 주제가 대부분인 것 같고요.

지애: 네. 제가 하려는 이야기와 같은 내용의 책은 아직 없다니 다행이에요. 그래도 50대 이상을 대상으로 한 책들이 많아지는 것 같으니 서둘러야겠어요.

부르크쓰: 맞아요. 지난주에도 말씀드렸지만 한국 사회는 급속도로 고령화되고 있어요. 인구 구성상 약 14%를 차지하는 베이비 붐 세대의 은퇴가 시작됐고요. 앞으로는 사회가 50대 이상에게 기대하는 게 굉장히 많아질 거예요. 지애님이 전자책을 쓰고 퍼스널 브랜딩이 돼서 자리를 잡는다면, 아직까지 브랜딩이 보편화되어 있지 않은 장년층 시장에서 선구자적인 역할을 하실 수도 있을 거예요. 그럼 이번 주도 수고하셨고, 과제 열심히 해보시길 응원 드릴게요.

- 과제1. 책 제목 정하기 (가제)
- 과제2. 책에 쓸 내용 10가지 고민해 보기 (제목, 대략적인 내용)
- 과제3. 초안 1꼭지 써보기

전자책 집필 &
마케팅:
책이 저절로 써지는 실전 로드맵

01

글쓰기 자신감:

평생 가져온 글 거부감 없애기

여기까지 책을 읽으면서 여러분은 어떻게 자신으로부터 브랜딩 소재를 발굴해야 하는지, 그리고 그걸 어떻게 세상과 연결시켜야 하는지는 어느 정도 이해를 하셨을 겁니다. 이제 그걸 글로 표현해야 하는 단계가 남았어요. 그럼 처음으로 돌아가서 생각을 해볼게요. 여러분은, 아니 우리는 왜 글을 어려워할까요? 그 이유는 생각보다 분명합니다.

1) 잘 몰라서 (문학적인 글 VS 비문학적인 글)

우선 우리는 '글을 잘 쓴다.'라는 개념을 잘 알지 못합니다. 대부분의 사람들은 시적인 표현이나 유명 작가의 깊이가 묻어나는 문체를 보며 '글을 잘 쓴다.'라고 말해요. 아니면 누군가의 통찰이 묻어나는 글을 보며 감탄하고는 그렇게 이야기를 하죠. 하지만 그렇게 잘 쓰는 글은 문학적인 능력이 있는 겁니다. 일상에서는 잘 활용되지 않는 단어를 조합할 줄 알고, 그걸 어떤 것에 비유하거나 빗대어 표현하는 것이죠. 일반적인 사람들은 잘 해볼 일이 없는 영역이기에 어렵게 느껴지는 것이 당연합니다.

그렇지만 여러분이 쓰려는 글은 그것과는 다릅니다. 시적인 표현보다는 객관적인 것, 삶에서 겪고 느끼고 경험한 것들을 우리가 일상에서 활용하는 언어로 담아내는 것이 우리가 해야 할 전부에요. 한강 작가님의 멋스러운 표현이나 베스트셀러 에세이에 담긴 통찰이 묻어나는 비유를 보며 기가 죽을 필요가 없습니다.

그건 마치 수심이 5m나 되는 풀에서 프리다이빙을 하는 이들을 보며 겁에 질리는 셈이에요. 우리가 해야 하는 일은 물이 허리까지 오는 수영장에서 앞으로 걸어가기만 하면 되는데 말이죠. 전자책을 쓰기 위한 글은 핵심 메시지만 잘 전달하는 것으로 충분합니다.

2) 많이 써보지 않아서 (부담이 돼서)

두 번째 이유는 '많이 써보지 않아서'입니다. 생각보다 살면서 우리는 글을 쓸 일이 없어요. 사무직 분들의 경우 메일을 쓸 수도 있고, 보고서를 쓰는 경우도 있지만 그 역시 쓰는 말들의 반복이며 무언가를 '생각해 내는 노력'은 할 일이 없습니다. 그렇기 때문에 글쓰기는 우리에게 낯설어요. 하지만 그뿐입니다.

만약 누군가가 여러분에게 '마라톤을 할 줄 아나요?'라고 물었다고 해보겠습니다. 경험이 있는 사람이 아니면 '아니요? 걷기도 힘든데 그런 걸 어떻게 해요.'라고 말할 거예요. 하지만 그 마라톤에 정해진 거리가 없고, 제한 시간이 없다면 어떨까요? 누군가 봤을 때 '저 사람은 뛰는 건지, 걷는 건지 헷갈린다.'라고 할 정도로 천천히 뛴다면요. 그리고 풀코스 마라톤이 아니라 3km 정도라고 해보겠습니다. 그렇다면 조금은 다르지 않을까요? 마라톤에 필요한 건 두 다리뿐인데 우리는 매일 다리를 이용해 걷고, 계단을 오르니까요.

글쓰기도 똑같습니다. 여러분은 매일 생각을 합니다. 그리고 말을 하지요. 거기에 필요한 건 문자일 뿐입니다. **문자로 이루어진 단어를 조합하고 그걸 상황에 맞게 입 밖으로 내뱉는 게 말이죠. 그리고 그걸 입으로가 아닌 손으로 옮기는 게 글일 뿐이에요. 문자와 단어의 조합으로 펼쳐진다는 건 다르지 않습니다.**

오히려 말을 잘하기가 어렵습니다. 그건 라이브 방송처럼 즉흥적으로 문자를 조합해야 하고, 글은 녹화 방송처럼 신중하게 고를 수 있으니까요. '그럴싸한데? 하지만 그래도 어려운걸!'이라고 말씀하시는 분들을 위해 글쓰기 자신감을 높일 수 있는 방법을 알려 드릴게요. 이건 말씀드린 것처럼 '말하기를 할 수 있다면 글도 쓸 수 있다.'라는 생각에서 출발한 훈련법입니다.

우선 준비물은 핸드폰과 음성-텍스트 변환 어플입니다. 플레이스토어에 들어가면 음성을 텍스트로 변환해 주는 어플이 여러 종류 있을 거예요.

이제 그 어플과 함께 글을 써볼 겁니다. 물론 여러분의 입으로요. 먼저 제가 주제를 드려보겠습니다.

1) 오늘 하루의 일과 이야기해 보기
2) 최근에 본 책, 또는 영화에 대한 이야기해 보기
3) 여행을 가보고 싶은 곳에 대해 이야기해 보기
4) 관심 있어 하는 유명 인사를 인터뷰한다면 어떻게 할지 이야기해 보기
5) 다시 태어나면 어떻게 살고 싶은지 이야기해 보기
6) 미래의 나에게 편지를 쓴다면 무슨 내용을 쓸지 이야기해 보기
7) 초능력이 생긴다면 무슨 일을 하고 싶은지 이야기해 보기

이 중에 1가지 주제를 골라 글을 쓴다고 생각해 보는 게 1단계입니다. 쓰지는 말고 생각을 해볼게요. 어떤가요? 쉽지 않죠? 네, 그래서 이 연습을 하는 겁니다. 2단계로는 핸드폰의 음성 녹음 어플을 켜고 글을 쓰려고 했던 주제로 이야기를 해보세요. 글이 아닌 '이야기'입니다. 친구에게 편하게 말을 한다고 생각하고 녹음을 해보세요. 짧아도 좋고 길어도 좋습니다. 시간제한이 없으면 어려우니 대략 2분 정도의 길이로 녹음을 한다고 해볼게요. 완성이 됐다면 3단계로 그걸 텍스트로 변환해 보겠습니다.

구어체이긴 하지만 그래도 어느 정도 길이의 텍스트가 확보됐습니다.

잘 쓴 글이 아닐 수도 있지만 그건 중요하지 않아요. 그렇게 확보된 텍스트를 한번 읽어봐 주세요. 이제 4단계로 핸드폰을 끄고 같은 주제로 노트북에 글을 한번 써보겠습니다. 어떤 플랫폼이어도 좋아요. 메모장도 좋고, 블로그여도 좋습니다. 잘 쓰려고 하지 말고 편안하게 한번 써보세요. 녹음을 변환시킨 내용을 다시 켜서는 안 됩니다. 시간은 5분으로 제한해 두고 한번 써볼게요.

자, 어떤가요? 1단계에서 같은 주제로 글을 쓰려고 했을 때보다는 조금 더 쉬워졌나요? 네, 그럴 겁니다. 여러분은 이미 말로 옮겨진 텍스트를 한번 읽어봤기 때문입니다. 이와 같이 이 훈련의 핵심은 우리 모두에게 말의 형태라면 얼마든 내용을 풀어낼 수 있는 능력이 있다는 걸 깨닫게 하는 겁니다. 글을 쓰려고 했을 때 느껴지는 막연함은 익숙하지 않기 때문에 겪는 형식의 낯섦이라는 걸 알게 하는 것이지요.

이제는 여러분이 녹음파일로 만든 텍스트와 손으로 쓴 글을 한번 비교해 보세요. 내용이 비슷하긴 할 겁니다. 이미 2단계에서 생각해 본 내용이 글에 녹아 들어갔을 테니까요. 하지만 상관없습니다. 중요한 건 형태는 다르지만 마찬가지로 여러분들로부터 텍스트가 뽑혔다는 거예요. 문자와 단어의 조합이 이렇게 가능했다는 거죠.

이 훈련을 통해 우리는 매일 하는 생각과 말들이 글이 만들어지는 과정과 다르지 않다는 걸 알 수 있어요. 그리고 좀 더 편한 말로 만들어 낸 글, 즉 음성을 변환한 텍스트를 보고 글을 쓰는 과정을 통해 글에 대한 거부감을 상당 부분 줄일 수 있죠. 이 훈련들을 반복하다 보면 글이 편해질 거예요.

3) 무엇을 쓸 줄 모르기 때문에

글쓰기가 어려운 세 번째 이유는 바로 '무엇을 쓸 줄 모르기 때문'입니다. 쓸 내용이 없는 문제를 필력으로 해결하려 하기 때문에 진도가 나가지 않는 것이죠. 외국어를 배워본 분들도 경험해 봤을 겁니다.

만약 비즈니스 미팅에서 "그게 가능한가요? 일정을 늦춰 줄 수는 없나요? 계약서에 이 조항을 넣어 줄 수 있나요?"라고 이야기하는 건 그리 어렵지 않습니다. 훈련을 통해 극복할 수 있는 부분이지요. 하지만 우연히 주어진 자유 시간에 상대와 잡담을 하는 건 그보다 어렵습니다. "한국에 와봤나요? 언제 귀국하나요?" 정도의 이야기를 하다가 정적이 흐르기 마련이지요. 그건 우리가 그와 같이 '이야기를 생각해 내는 문제'에 익숙하지 않기 때문입니다.

이와 같이 글을 쓸 때에도 무슨 내용을 써야 할지 모르기 때문에 어려운 경우가 많습니다. 문자와 단어를 조합하는 훈련이 됐다고 해도 주제를 생각해 내는 능력은 별개이기 때문이죠. 그렇기 때문에 마음을 가볍게 갖고 짧은 글을 써보는 훈련이 필요합니다. 처음부터 욕심을 내면 안 돼요. 그러다간 글쓰기가 싫어질 수 있기 때문입니다.

오늘 회사에서 느꼈던 일이 됐든, 아니면 처음 수영을 배웠던 일이 됐든, 작은 일상에 대한 글로 시작하는 것도 좋습니다. 아니면 평소에 관심을 갖고 있던 주제에 대한 글이나 읽고 있는 책에 대한 내용도 나쁘지 않지요. 그렇게 욕심을 내지 않고 짧게 마무리 짓는 연습을 하다 보면 점차 길이가 있는 글도 쓸 수 있게 될 것입니다.

02

목차 제작:
한눈에 들어오는 목차 만들기

사람들은 책을 살 때 어떤 과정을 거칠까요? 서점에 들어서서 매대에서 눈에 띄는 책 표지, 또는 제목을 발견하고 집어 들어서 페이지를 넘깁니다. 그리고는 목차를 살펴보고 대제목과 꼭지 제목이 나쁘지 않겠다는 생각이 들면 초반의 몇 페이지를 읽어보지요. 그리고 찾던 내용이 들어있다고 생각되면 구매 여부를 결정합니다. 아니면 아예 제목만 보거나 목차까지만 보고 구매하는 경우도 있습니다. 그렇기 때문에 우린 목차에 힘을 많이 줘야 합니다.

하지만 우리 같은 일반 사람들에게 목차를 만드는 것은 결코 쉬운 작업이 아닙니다. 여러 가지 이유가 있지만 대표적으로 다음과 같은 이유가 있습니다.

1) 구조화 능력의 부족

가장 큰 이유는 바로 구조화에 대한 경험이 없기 때문입니다. 사람들은 여러 가지 아이디어를 갖고 있지만 그것을 논리적이고 일관된 구조로 정리하는 것은 또 다른 이야기예요. 마치 퍼즐 조각들을 갖고 있지만 그걸 어떻게 맞춰야 하는지 모르는 상태라 할 수 있겠죠. 이 과정에서 많은 혼란을 느끼고, 어떤 주제를 먼저 다루고, 어떤 것을 나중에 다뤄야 할지 결정하기 어려워집니다.

2) 독자로서의 관점 부재

책을 쓸 때 가장 중요한 것 중 하나는 독자의 관점에서 내용을 구성하는 것입니다. 그러나 일반 사람들은 자신의 경험과 지식을 바탕으로 글을 쓰기 때문에 독자가 무엇을 알고 싶어하고, 어떤 순서로 정보를 제공해야 이해하기 쉬운지 놓칠 때가 많습니다. 어떻게 독자의 눈높이에 맞춰야 할지, 독자의 시선이 어떻게 움직일지를 알기 어렵다는 점 또한 큰 어려움입니다.

3) 경험 부족

전문 작가들은 여러 번의 집필 경험을 통해 자연스럽게 목차를 구성하는 방법을 익힙니다. 그러나 일반인들은 책을 처음 쓰는 경우가 많아 목차 구성에 대한 경험이 부족하죠. 그러다 보니 어떻게 시작해야 할지, 어떤 요소를 포함해야 할지를 판단하기가 어렵다는 문제를 겪게 됩니다.

4) 완벽주의

사람들은 종종 완벽한 목차를 만들어야 한다는 압박감에 시달립니다. 경험이 없을수록 좀 더 제대로 된 목차를 만들어야 한다는 압박감을 갖게 되기도 하죠. 이로 인해 결정을 내리는 것이 어렵고, 계속해서 수정을 반복하게 됩니다. 이와 같이 잘못된 결정을 내릴까 봐 두려워하는 마음도 목차 구성을 어렵게 만드는 요인 중 하나입니다.

이러한 문제점들이 있는 것을 알았다면 우리는 어떻게 목차를 구성해야 할까요? 아무리 이론적인 내용으로 아무리 풀어도 쉽지 않으니 예시를 들어서 설명해 볼게요. 쓰고자 하는 책의 주제를 간호사에 대한 것으로 결정했다고 가정하고 목차를 잡아보겠습니다. 목차를 구성하는 것을 5단계로, 여행을 준비한다고 가정하고 설명해 볼게요.

1) 이야기(소재)가 혼재되어 있는 상태

가장 맨 처음 여러분의 머릿속에는 다양한 아이디어와 이야기가 뒤섞여 있을 겁니다. 간호사로서 경험한 것을 책으로 쓰려고 하는데, 막연하게 떠오르는 생각들이 있을 거예요. 이 상태를 여행용 짐을 챙겨야 하는데 방안에 옷과 신발, 책, 간식 등이 뒤죽박죽으로 들어있는 상황에 비유할 수 있어요.

- 간호사로 일할 때 얻을 수 있는 장점

- 병원에서의 에피소드

- 의료 기록 작성 및 관리

- 환자와의 소통 방법

- 의료 장비 사용법

- 응급 상황 대처법

- 간호사의 일과

- 간호 윤리와 직업의식

- 스트레스 관리와 건강 관리법

- 간호사의 직업 전환의 기회

2) 나름의 규칙을 갖춰 정리한 상태

다음으로 여행 가방을 정리하는 것처럼 아이디어를 나름의 규칙을 갖고 정리해야 합니다. 옷은 옷끼리, 신발은 신발끼리, 책은 책끼리 묶어서 정리하는 것처럼 위의 10가지 소재들도 비슷한 종류별로 묶어볼 수 있어요. 예를 들어, '간호사의 일과', '의료 기록 작성 및 관리', '의료 장비 사용법'과 '응급 상황 대처법'을 **간호사의 기본 업무**로 묶는 겁니다. 이와 같이 작은 소재들을 묶어 낸 큰 주제가 각 책을 구성하는 장(章)이 될 겁니다. 이를 정리해 보면 다음과 같아요.

- 간호사의 기본 업무: 의료기록 작성 및 관리, 의료 장비 사용법, 응급상황 대처법, 간호사의 일과

- 개인 관리 및 발전: 스트레스 관리와 건강 관리법, 간호사의 직업 전환의 기회

- 환자 관리 및 소통: 환자와의 소통 방법, 병원에서의 에피소드

- 윤리 및 직업 의식: 간호 윤리와 직업 의식, 간호사로 일할 때 얻을 수 있는 장점

3) 독자의 의식의 흐름에 맞춰 순서를 부여한 상태

이제 정리된 내용들을 독자가 자연스럽게 읽어 갈 수 있도록 순서를 부여해야 합니다. 여행 가방을 꺼낼 때, 가장 필요한 물건부터 꺼내기 쉽게 정리하는 것과 같죠. '간호사의 일과'를 먼저 소개한 뒤, '의료 기록 작성 및 관리', '의료 장비 사용법'으로 이어지는 식입니다. 또한, '직업 전환의 기회'라는 미래에 대한 이야기를 다룰 거라면 개인 관리 및 발전이라는 장(章)은 조금 더 뒤에 배치되는 것이 좋겠죠? 독자가 책을 읽을 때 가장 이해하기 쉬운 순서를 생각해 보시면 됩니다.

- 간호사의 기본 업무: 간호사의 일과, 의료기록 작성 및 관리, 의료 장비 사용법, 응급상황 대처법
- 환자 관리 및 소통: 환자와의 소통 방법, 병원에서의 에피소드
- 윤리 및 직업의식: 간호 윤리와 직업의식, 간호사로 일할 때 얻을 수 있는 장점
- 개인 관리 및 발전: 스트레스 관리와 건강 관리법, 간호사의 직업 전환의 기회

4) 그 순서에 맞춰 목차의 제목을 정하기

짐 정리가 어느 정도 됐으면, 이제 가방에 넣기 전에 각각의 아이템에 라벨을 붙여 정리합니다. 책에서도 마찬가지로 각 장(章)과 꼭지에 제목을 붙입니다. 이 과정에서 제목은 **독자의 시선을 끌 수 있도록 매력적**으로

정해야 합니다. 예를 들어, '간호사의 하루 일과'는 '간호사의 아침부터 저녁까지'라거나 '의료 장비 사용법'을 '생명을 다루는 도구들' 등으로 꾸며볼수 있죠. 주의할 점은 비유적 표현의 제목들이 매력적일 수 있지만 독자들이 제목만 보고도 각 장(章)과 꼭지의 내용을 예상할 수 있도록 직관적이어야 한다는 겁니다. 이는 어떤 집단을 대상으로 책을 타겟팅 할 것이냐에 달라질 수 있는 점도 참고해 주세요.

5) 제목에 맞는 내용을 쓰기

마지막으로 라벨을 붙인 아이템을 가방에 차곡차곡 넣습니다. 각 장의 제목에 맞춰 내용을 작성하는 것이죠. 이때는 글의 내용이 전체 구조와 흐름을 고려해 정한 제목에 벗어나지 않도록 주의해야 합니다. 글을 쓰다보면 손가락이 움직이는 대로 글의 전개가 달라지는 경우들이 많은데, 수시로 장(章)과 꼭지의 제목을 보며 작성해야 해요. 우리가 써야 하는 내용은 쓸 수 있는 내용이나 쓰고 싶은 내용이 아니라 독자가 궁금해하는 내용이라는 것을 잊어서는 안 돼요.

이렇게 5단계로 책의 목차를 설정하고 내용을 작성하면, 독자가 읽기 쉽고 이해하기 쉬운 책을 완성할 수 있습니다. **여행 가방을 정리하듯이 체계적으로 접근하면, 책 쓰기라는 긴 여행도 훨씬 수월하게 해낼 수 있을 것입니다.**

03

리서치:

내 글이 유료화될 만큼의 가치를 더하라

여기까지 글을 읽고 나서도 아직 고민되는 부분이 있을 겁니다. "아무리 전자책이라고 해도 나는 책을 쓸 만큼의 특별한 지식이 없는데?"라는 고민이 드실 거예요. 그건 당연합니다. 출간 절차를 거치지 않는 전자책이라고 해도, 그건 한 사람이 알고 있는 지식과 경험이 집대성된 결과물이니까요. 어떤 의미에서는 사람 자체가 담겨 있다고 볼 수도 있을 겁니다. 그렇기 때문에 부담이 드는 건 당연해요. 하지만 그렇다고 방법이 없는 것은 아닙니다.

여러분은 이전 내용에서 자신의 내면에서 발견한 브랜딩 소재를 통해 콘텐츠를 기획했습니다. 무엇인가가 유행한다거나 돈을 벌기 쉽다는 이유가 아니라 여러분이 관심이 있기 때문에 그쪽으로 방향을 잡은 것이죠. 그걸로 충분합니다. 그 점에 대해서만 명확하다면 얼마만큼의 지식을 갖고 있느냐는 충분하지 않아요. 대부분의 책은, 전자책뿐만이 아니라 종이책까지도 작가가 과거에 알고 있던 지식을 통해 쓰는 것이 아니에요. 오히려 그 반대입니다. 자신이 알고 있는 것보다 더 많은 것을 배우면서 책을 쓰게 됩니다.

대한민국을 대표하는 웹툰 작가 중 한 명인 강풀 작가를 아실 겁니다. 강풀 작가는 본인의 작품인 〈마녀〉에서 옥탑방에 사는 주인공을 표현하기 위해 직접 옥탑방에서 지내며 집필을 했다고 해요. 무대로 삼는 공간에서 직접 생활하며 이야기를 풀어냈다는 것이죠. **옥탑방에 살았던 '경험'이 있었기 때문이 아니라, 고생을 감수하고도 생생한 리서치를 할 '마음'이 있던 겁니다.**

전 국민을 울린 드라마 〈미생〉의 작가인 윤태호 작가도 마찬가지입니다. 놀랍게도 윤태호 작가는 단 한 번도 직장 생활을 해본 적이 없다고 합니다. 그럼에도 그와 같은 생생한 드라마 대본을 쓸 수 있던 건 수많은 직장인들을 대상으로 인터뷰를 했기 때문이죠. 직급별 인터뷰는 물론, 정규직과 비정규직 등 다양한 상황을 겪고 있는 사람들에 대한 폭넓은 취재 덕분에 모든 직장인이 공감하는 작품이 탄생한 것입니다.

그렇기 때문에 중요한 것은 내가 특정 주제에 대해서 얼마나 알고 있느냐가 아니라, 얼마나 알고 싶은가에 달려 있습니다. 책을 쓰기 위해 무언가를 조사하고, 사람들을 만나고, 동종 도서를 읽는 것은 굉장히 지루한 작업이에요. 그것을 이겨내기 위해서는 내가 그 주제에 대한 탐구를 할 마음이 있어야 합니다. 그게 최소한의 준비물이죠.

너무 대단한 사례를 보고 기죽을 필요는 없습니다. 여러분은 이제 막 요리를 시작한 초보 요리사와 같습니다. 집 안에 있는 식재료들로 만들 수 있는 요리를 하면 되는 거예요. 호텔 요리사나 안성재 쉐프를 보고 부담을 가지면 안 됩니다. 모든 사람들이 맛있다고 말하는 멋진 요리를 만들 수 있으면 좋겠지만 우리에게 필요한 건 우리와 입맛이 비슷한 누군가가 맛있게 먹어줄 음식이에요.

경제학의 아버지 피터 드러커의 『매니지먼트』를 보면 다음과 같은 글이 나옵니다.

"매니저의 자질로 남을 잘 도와줄 것, 인간관계가 좋을 것 등을 중시한다. 하지만 그런 정도로는 충분하지 않다. (…) 배울 수 없는 자질, 후천적으로 얻을 수 없는 자질, 처음부터 몸에 배어 있어야만 할 자질이 딱 하나 있다. 그것은 재능이 아니다. 진지함이다."

이 내용을 보면 무언가를 이루기 위해서 필요한 것은 어찌 보면 다른 재능보다도, 무언가에 임할 때 진지할 수 있는 능력이라는 것을 알 수 있습니다. 지루하고, 발전이 더뎌 따분하게 느껴질 수도 있는 일을 붙잡고 원하는 성취가 나올 때까지 깊게 들여다보는 것. 리서치를 통해 전자책을 쓸 만한 충분한 진지함이 피어오르는 주제를 찾는 게 문장력을 키우는 것 보다 훨씬 더 중요합니다.

04

전자책 플랫폼:

블로그 200% 활용하기

전자책은 어디에 써야 하는 걸까요? 개인 PC? 아니면 공개된 플랫폼? 정해진 건 없어요. 하지만 개인 PC나 노트에 적었을 때 글쓰기가 외로워지는 것은 사실입니다. 혼자 글을 쓰면 금방 지쳐버리기 쉽고, 자신만의 세계에 갇혀서 글을 쓰면 나에게만 재밌는 글이 나올 수 있어요. 둘 다 가장 피해야 하는 일이죠.

누군가 전자책을 쓸 최적의 공간이 어디냐고 묻는다면 저는 블로그라고 말하고 싶습니다. 블로그에 글을 쓰면 우리와 관심사가 비슷한 사람들을 만날 수 있기 때문에 내가 글을 올리고, 그들의 글을 읽으며 계속해서 마음속에 불을 지필 수 있어요. 또한, 우리 글에 대한 피드백을 받으며 '남들에게도 재미있는 글'에 가까이 가게 됩니다. 공개된 장소에 글을 올리다 보면 '이 글은 꽤나 잘 썼는데?'라고 생각했던 글이 막상 올리고 나니 별 반응이 없다거나 적당히 쓴 글이 상대적으로 좋은 반응을 보이는 일들이 있을 거예요. **그 차이가 나는 지점들이 바로 우리와 독자의 결을 맞춰야 하는 부분입니다. 반드시 필요한 작업이라 할 수 있겠죠.**

그런 점에서 블로그 등 공개된 장소에 글을 올리는 것은 마치 공용 주방에서 요리를 하는 것과 같습니다. 혼자 주방에 틀어박혀 요리를 개발한다면 사람들이 좋아할 만한 요리를 만들기 쉽지 않아요. 대단한 재능이 있다면 그럴 수도 있겠지만, 거기에도 아주 많은 시간이 걸릴 겁니다.

하물며 요리를 만들어 본 경험이 없는 우리는 세상의 문을 닫아서는 안 됩니다. 공간이 트여있는 공용 주방에서 요리를 시작하는 것이 좋지요. **레시피를 공유하고 서로의 요리를 시식하며 피드백을 받는 것처럼, 우리 글에 대한 반응을 확인할 수 있다면 아주 큰 도움이 됩니다.** 어떤 재료가 더 필요하고, 조미료의 양은 어떻게 조절해야 할지 알게 되는 것과 같이 우리 글이 어떤 부분이 부족하고, 어디가 개선되어야 할지 알 수 있게 되죠.

자신의 글을 세상에 공개하는 것은 쉬운 일은 아닙니다. 어릴 때 썼던 일기를 같은 반 친구에게 보여 주는 것처럼 왠지 모르게 부끄러워지는 일이죠. 하지만 혼자서 책을 완성한다고 그 부끄러움이 사라지는 것은 아닙니다. 조금씩이나마 우리 결과물을 내보이며 세상이 그걸 어떻게 받아들이는지 경험해 봐야 하죠. 그런 면에서도 글을 어딘가에 게시하는 것은 필요해요. 공들여 만든 요리를 바로 파는 것이 아니라, 친구들에게 먹여보고 용기를 얻는 것처럼 말이죠.

그렇다면 블로그에 글은 어떻게 해야 할까요? 계정을 만들어서 글을 올리기만 하면 되는 걸까요? 그렇지는 않습니다. 위에서 말씀드린 목적으로 블로그를 활용한다고 해도 어느 정도까지는 블로그가 성장해야 해요. 그래야 이를 위해서는 무작정 열심히 하는 것보단 약간의 요령이 필요합니다. 우리의 시간은 소중하니까요.

1) 자기소개

블로그에 글을 올리기로 했을 때 가장 먼저 해야 하는 것은 뭘까요? 그건 바로 자기소개 글을 올리는 것입니다. 블로그를 처음 만들었다면, 또는 운영을 하지 않다가 다시 시작하려고 했다면 여러분의 블로그는 간판을 내걸지 않은 상점과 같아요. 거기서 무엇을 팔겠다는 건지, 아니면 무얼 하겠다는 건지 사람들은 명확하게 인지하지 못합니다. 그렇기 때문에 우선은 자기소개 글을 써서 공지로 내 걸어야 해요. 들어오는 이들이 모두 볼 수 있도록 말이죠. 특별한 양식이 있는 것은 아닙니다. 여러분이 어떤 사람인지, 삶에서 무얼 추구하는지, 블로그는 왜 하려고 하는지 등의 내용을 적어주세요. 사람들은 그 글을 통해 여러분이라는 존재를 처음으로 인지하게 될 거예요.

2) 목표 설정 (공언)

부르크쓰가 서점에 가서 책을 산 것은 단순한 이야기입니다. 누군가 글을 본다고 해도 부르크쓰가 이전에 뭘 했었는지, 다음에 뭘 할 것인지를 궁금해하지 않죠. 하지만 소설을 쓴다는 목표를 가진 부르크쓰가 서점에서 작법 책을 샀다면 그것은 연속성이 있는 글이 돼요. '이 사람이 정한 목표를 위해 무언가 하고 있구나.'라는 것을 인지하고, 이전에 뭘 했었는지 다음에는 무얼 할지에 대한 생각을 하게 되죠. '나는 2개월 안에 전자책을 쓸 것이다.'라는 공언을 함께 해주는 것도 아주 좋은 방법입니다. 그러다 보면 여러분이 쓰는 글에 서사가 생길 것이고, 응원을 해주는 사람들이 생겨날 거예요. 사람들 앞에서 목표를 공언할 경우 이를 달성할 확률이 70%나 올라간다고 하니, 목표를 설정하는 글에 함께 기재하면 훨씬 더 좋은 효과가 날 거예요.

3) 글 메뉴 지정

블로그에 오랫동안 글을 쓴다고 해도 그 글이 콘텐츠가 되지는 않아요. 오래 지난 뒤에 보면 한 번쯤 읽어볼 만한 글이 될 수는 있지만, 활용되기보다는 버려지기가 쉽죠. 그렇기 때문에 조금 더 전략적인 접근이 필요합니다. 전자책을 쓸 주제를 정했다면 거기에 포함될 장(章)을 블로그 글 카테고리로 지정해 글을 써 나아가는 것이 좋아요. 그러면 글이 그냥 사라져 버리는 게 아니라 원고의 한 부분을 구성하는 재료로 쓰일 수 있어요. 바로 사용할 수 있는 수준이 아니라고 해도 책에 담을 원고의 소중한 재료가 됩니다. 여러분도 블로그 글 메뉴를 설정해 전자책 초안을 위한 효율적인 플랫폼을 만들어 보세요.

4) 글 게시: 쓰지 말아야 할 글과 써야 할 글

블로그를 하는 분들이 가장 고민하는 부분일 거예요. 아무 글이나 쓰면 되는지, 조회수를 높이기 위해 인기 있는 정보를 퍼다 날라야 하는지 말이죠. 정해진 규칙 같은 것은 없습니다. 조회수가 높은 글을 쓰다 보면 블로그 지수가 올라가고 더 많은 사람들이 우리 글을 보게 되는 것도 사실이고요. 하지만 네이버의 알고리즘은 수시로 변화합니다. 유행도 빠르게 변화하고요. 그렇기 때문에 우리가 알고리즘에 의한 상위노출이나 핫한 유행에 이끌려 글을 쓰는 것은 좋지 않습니다. 마치 사람들의 행렬에 이끌려 통행량이 많은 곳에 자리를 잡았는데, 다른 곳에 큰 도로가 뚫리며 통행량이 줄어드는 것과 같죠. 그런 것보단 사람들이 여러분을 찾아오게 할 글을 쓰는 게 좋습니다. 그건 여러분만의 관점이 있는 글이거나 아니면 서사가 있는 글이어야 해요. 관점이란 것은 콘텐츠를 개발하면서 조금씩 쌓이게 되기에 시간이 필요하지만 서사는 앞서 설명 드린 연속성 있는 글을 쓰며 갖춰나갈 수 있습니다. '무언가를 하는 사람'으로 인지되고, 계속해서 그것을 위해 걸어 나아가는 모습을 보여준다면 여러분이 써 나아가는 서사를 응원하는 사람이 생길 겁니다.

5) 이웃 확보 (소통)

블로그에서 이웃을 만들고 소통하는 것은 매우 중요합니다. 위에서 설명 드린 효과를 누리기 위해서는 비슷한 관심사를 갖고 있고, 우리가 쓴 글에 양질의 피드백을 줄 수 있는 이웃과 교류해야 하죠. 하지만 본말이 전도될 때가 있어요. 글을 쓰고, 이전 글에 달린 댓글에 답글을 달고, 댓글을 달아준 이웃들에게 답방을 가다 보면 하루에 두세 시간씩 걸리는 일들도 생깁니다. 우리 글에 정성스러운 피드백을 주고, 새로운 영감을 주는 이들과의 교류라면 분명 시간을 할애해야 하는 게 맞아요. 하지만 블로그를 하는 본질은 소통이 아닌 '좋은 글을 쓰는 것'에 있다는 점은 잊어서는 안 됩니다. 소통을 하느라 에너지를 전부 소진해 글을 쓸 여력이 없다면 무언가 잘 못되어가고 있는 거예요. 댓글에 모두 답글을 해주는 것도, 모든 사람들에게 전부 답방을 가는 것도 장기적으로는 어려운 일이며 해서도 안 됩니다. 결국 우린 가주지 않아도 찾아올 사람이 되어야 해요. 양질의 피드백을 줄 수 있는 이웃 10명 정도만 잘 관리하며, 나머지 이웃에게는 너무 많은 시간을 할애하지 않게 블로그 운영의 요령이 필요합니다.

단계	1단계	2단계	3단계	4단계	5단계
구분	일기 형태 포스팅	소통 의존 운영	방향 설정	네임드	인플루언서
활동 형태	일상글, 느낀 점 위주의 포스팅	공감과 댓글이 달리나, 방향을 잡지 못한 상태	방향 설정 완료, 목표 공언, 서사가 있는 글	전자책 작가, 네이버 인물 등록 (소규모 강의), 수익화 시작	종이책, 강의 등 본격적 수익 활동
인풋 : 아웃풋 (방문, 댓글)	1 : 0.X	1 : 1	0.X : 1	간헐적 답글	선택적 답글
공감수	10개~50개	50개~100개	100개 이상	300개~ 500개	500개~ 1000개

사진9. 블로그 육성 단계별 정보

이와 같이 블로그를 전자책 작성의 공간으로 활용하는 것은 단순히 글을 쓰고 연습하는 것을 넘어서, 실제 독자와의 상호작용을 통해 콘텐츠를 개선하고, 사람들이 무엇을 원하는지 파악하는 데 귀중한 기회가 돼요.

내가 생각하는 흥미로운 주제와 실제 독자들이 흥미롭다고 느끼는 주제 사이의 간극을 좁히는 것이 성공적인 책 출간을 하는 핵심이죠. 그래서 블로그는 전자책 작가에게 훌륭한 시험처 역할을 할 수 있습니다. 여러분도 이제 블로그를 시작해 보는 것은 어떨까요?

05

전자책 홍보와 마케팅의 기술

이전 장에서 알려드린 대로 잘 따라 하셨다면 여러분은 이제 전자책을 완성하셨을 겁니다. 그것을 유통하는 방법은 깊게 다루지 않겠습니다. 이는 인터넷에 조금만 검색해 봐도 찾을 수 있고, 중요한 것은 우리의 콘텐츠를 만들어 내는 것이니까요. 간단하게만 이야기하자면 완성된 전자책은 네이버에서 자체 판매를 할 수도 있고, 작가와 등의 도서 유통 사이트에 의뢰해 수수료를 내고 간편하게 진행할 수도 있습니다. 작가와는 제출 후 며칠 내에 YES24, 리디북스, 교보문고는 물론 밀리의 서재에도 전자책을 등록해 주니 첫 전자책을 유통하는데 좀 더 수월할 거예요. 이외에도 크몽, 탈잉, 프립 등 온라인 플랫폼에도 올려볼 수 있습니다.

그렇다면 본격적으로 여러분의 전자책을 어떻게 잘 마케팅할 수 있을지 살펴보겠습니다. 우선 여러 가지 온라인 플랫폼이 있다는 것을 이해해야 해요. 여기에는 블로그부터 쓰레드, 트위터(X), 인스타, 유튜브 등이 있습니다. 그리고 블로그부터 순서대로 텍스트의 비중이 높고, 유튜브로 갈수록 미디어의 비중이 높아지죠. 텍스트의 비중이 높을수록 여러분의 콘텐츠를 구입해줄 확률이 높다고 볼 수 있습니다. 찐팬, 즉 충성고객의 비율이 높아진다고 볼 수 있겠죠. 확률은 환산하기는 어렵지만 블로그는 전체 이웃 중 약 10%의 사람들이 우릴 위해 움직여 줄 수 있지만 그만큼 이웃을 늘리기가 어렵습니다. 하지만, 인스타와 유튜브는 그에 비해서는 팔로워를 늘리기가 쉽지만 그만큼 우리의 콘텐츠를 구매해 줄 확률이 낮습니다.

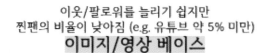

사진10. SNS별 퍼널별 특징

이에 대해 예시를 들어서 설명해 볼게요. 지나가는 사람이 헬스장 전단지를 나눠 준다고 생각해 볼게요. 무심코 받아 든 종이엔 눈에 띄는 색깔의 글씨로 무슨 내용인가가 쓰여 있습니다. 하지만 내용을 깊게 살펴보지는 못해요. 잠깐의 시선을 할애할 뿐 전단지의 내용을 오래 들여다보지는 않기 때문이죠.

반면에 길가에 누군가 자리를 깔고 앉아 있습니다. '무료 BMI 측정 및 건강 상담'이라고 쓰여 있는 플래카드를 달고 있는데, 마침 약속 때까지 시간이 붕 뜬 상황에서 관심이 갑니다. 그렇게 그에게 BMI 측정을 부탁하고 잠깐 자리에 앉아 이야기를 듣습니다. 몇 분간 그에게 근육량이 왜 중요한지, 근육 1kg을 경제적 비용으로 환산했을 때 수천만 원의 가치가 있다는 이야기를 들어요. 그리고는 자리를 떠나며 전단지를 한 장 받아옵니다.

둘 중 누구에게 연락을 할 확률이 높을까요? 길에서 전단지를 나눠 준 사람일까요, 아니면 자리에 앉아서 이야기를 나눈 사람일까요? 당연히 확률은 후자가 더 높을 수밖에 없습니다. 그 이야기가 얼마나 우리에게 와 닿았는지에 대한 부분은 배제해도, 함께 보낸 시간 자체가 다르기 때문이지요. 수치화를 해보자면 길을 가다 받은 전단지에 시선을 할애한 시간은 대략 수십 초 남짓이 될 거예요. 반면 자리에 앉아 이야기를 한 사람에게 할애한 시간은 적어도 3~4분가량은 될 겁니다.

그 시간 동안 그에게서 들은 이야기의 정보량 자체가 차이가 나기 때문

에 특정 콘텐츠를 구매하도록 설득당할 확률이 올라갈 수밖에 없습니다. 근육량에 대한 새로운 정보를 알았기 때문일 수도 있고, 물리적으로 시간을 오래 할애한 이와의 이야기가 기억에 남기 때문일 수도 있고요. 눈치채셨겠지만 전단지를 나눠 주는 건 유튜브에서의 쇼츠나 인스타의 릴스이고, 수 분간 대화를 나눈 것은 블로그예요.

블로그와 같이 정보량이 많은 매체는 받아들이는 데 시간과 에너지가 듭니다. 그렇기 때문에 그것을 클릭하는 데, 전단으로 예를 든다면 길가의 사람을 앉히는 데 어려움이 있을 수 있습니다. 하지만 일단 자리에 앉게 된다면 시간과 에너지를 들여 우리의 콘텐츠에 대한 설명을 듣게 되는 거죠. 자연히 구매할 확률이 올라갑니다.

그렇기 때문에 우리는 여러 가지 플랫폼을 운영할 때 구독자/팔로워를 늘리기 쉬운 곳에서, 블로그 쪽으로 사람들이 넘어오도록 해야 합니다. 우리 콘텐츠에 대한 정보 중 일부를 노출하되, 그것을 보고 궁금증이 생겨 텍스트가 많은 블로그 쪽으로 넘어오게 전체적인 그림을 짜야 하는 거죠. 그렇게 해서 블로그에서 우리가 공지 글로 올려둔 콘텐츠에 대한 글, 예를 들면 강의 공지를 보게 해야 합니다. **그건 마치 방문자들을 몇 분간 앉혀 놓고 이야기하는 것과 같습니다. 우리가 만든 콘텐츠를 왜 구매해야 하는지, 이게 당신들의 인생을 어떻게 바꿔 줄 것인지에 대해서 말이에요.**

06

전자책, 그 너머의 단계를 준비하라

이제 여러분은 전자책 작가가 됐습니다. 모두 고생하셨습니다. 하지만 거기서 멈추어서는 안 돼요. 제가 전자책을 여러분의 브랜딩에서의 첫 단계로 제시해 드린 것은 그게 '쉽게 접근할 수 있다는 점' 때문이지 거기가 최종 목적지는 아닙니다. 전자책 작가가 됐다면 본격적으로 여러분의 브랜딩을 시작해야 해요.

다음의 단계로 나누어 설명을 드리겠습니다.

1) 네이버 인물 등록

전자책이 퍼스널 브랜딩의 첫 단계로 가장 좋은 점은 책이 발간되는 순간 네이버 인물 등록이 가능해진다는 것입니다. 한국에서 가장 많은 사람들이 이용하는 포털 서비스는 네이버입니다. 거기서 인물 등록이 된다는 건 해당 인물이 일정 수준의 사회적 인지도나 영향력을 갖추게 된다는 것을 의미해요. 네이버에서 이름, 또는 닉네임을 검색했을 때 공식적인 프로필과 함께 관련 정보가 나타나므로 일종의 공식적 인정을 받는다고 볼 수 있죠.

등록하는 법은 간단합니다. 네이버에서 '네이버 인물 등록 본인 참여'를 검색한 뒤 등록 신청 버튼을 누릅니다.

사진11. 네이버 인물 등록 신청 화면 캡처

그런 다음 절차에 따라 기존에 동일한 이름, 또는 닉네임으로 신청된 인물이 있는지를 확인한 뒤 '개인 인물정보 등록신청'을 누릅니다. 그리고 ① 신청자 정보에서 본인인증을 진행하고, ② 인물 정보 입력에서 여러분의 이름과 직업, 대표 사진 등 공개되었으면 하는 정보를 입력하시면 됩니다. 본명과 자신의 얼굴을 공개하며 활동할 것이라면 그렇게 적으면 되지만 회사에 다니며 브랜딩을 하는 상황이라면 개인 정보가 노출이 되지 않게 주의하세요.

사진12. 네이버 인물정보 본인참여 화면 캡쳐

그리고 소속/경력이나 자격증 관련 사항, 작품/관련 활동을 입력하면 되는데, 우리는 전자책 작성을 통해 인물 등록을 하는 것이니 직업을 '작가'로 선택해 주세요. 여러분의 전자책이 판매가 도서 사이트(교보문고, YES24, 인터파크 등)에서 시작됐으니 해당 링크를 첨부해 주면 심사가 진행되고, 약 3일 이내로 결과 메일이 올 겁니다. 혹, 미진한 사항이 있다면 보완한 뒤 최종 승인을 받으면 다음과 같이 인물 등록이 됩니다.

부르크쓰
작가

전체	프로필	관련활동

분야   자기계발, 경영, 인문
MBTI   ENTJ
사이트   블로그, 인스타그램, 쓰레드
작품   관련활동 1건

본인 또는 대리인이 직접 관리하는 정보입니다.
본인참여 2024.04.17. ○
인물정보 본인참여   직업별 등재기준

사진13. 네이버 인물 등록 화면 캡처

저의 경우에는 본업이 있는 상황이기에 일부 정보만을 입력했습니다. 하지만 네이버에서 검색하면 나온다는 것은 여러분이 누군가에게 자신을 소개할 때, 그 어떤 명함보다 더욱 신뢰감 있는 소개가 될 거예요. 닉네임, 또는 이름을 검색한 뒤 블로그를 이리저리 찾아 들어가는 것보다 가장 상단에 인물정보가 뜨는 것은 천지 차이니까요. 퍼스널 브랜딩을 할 때 더욱 신뢰감을 줄 수 있는 것은 당연합니다.

2) 무료 미니 강의 (온라인, 30분)

전자책이 등록됐다면 다음으로 생각해 봐야 하는 것은 강의입니다. 하지만 부담을 가지실 수도 있어요. 여러분이 '전자책'이라고 하는 단어를 들었을 때 맨 처음 느꼈던 것처럼 잘 모르고, 겪어보지 않은 것이기 때문에 거부감을 느낄 수 있습니다. 하지만 모든 것이 그렇듯 조금 알고 나면 대단히 어려울 것이 없어요. 여러분이 카페에서 지인에게 특정 주제를 30분 동안 이야기한다고 생각하시면 됩니다. 상대에게도 많은 시간을 빼앗는 것이 아니기 때문에 부담을 크게 가질 필요가 없고요.

사람들 앞에서 말을 하는 것은 내용이 정리가 된다면 어렵지 않아요. 오히려 더 쉽습니다. 물론 발표 자료를 준비해야 하지만, 여러분은 전자책으로 이미 관련한 내용을 정리해 뒀기 때문에 대단히 많은 시간을 들일 필요가 없습니다.

예를 들어, 주제가 '시어머니와 적당히 잘 지내는 법'이라고 해볼게요. 그렇다면 타겟 독자에게 말하고자 하는 바에 대해서, 어떤 부분이 중요하고, 어떤 부분을 주의해야 하는지에 대해 책을 작성하며 이미 정리가 됐을 겁니다. 그 내용을 단순히 피피티로 변환하면 됩니다.

요약, 정리, 피피티가 어렵다고요? 사실 그건 별로 중요하지 않습니다. 그것들은 여러분의 이야기를 잘 전달할 수 있는 1가지 도구인 것이지, 꼭 그럴싸하게 준비가 되어야 하는 것은 아니에요. 다만 여러분의 강의를 들으러 온 사람들이 생각했을 때, 성의가 없다는 느낌을 주지 않는 선에서만 준비해 주세요. 피피티가 서툴다면 사전에 미리 양해를 구하고, 슬라이드 별로 키워드만 큼지막하게 하나씩 적어두고 이야기로 잘 풀어 설명해도 됩니다. 준비가 엄두가 나지 않는다면 챗GPT에 여러분의 책을 업로드에 숙지하도록 한 뒤, '10장 내외의 슬라이드에 들어갈 내용으로 준비해 줘.'라고 요청해 보세요. 무에서 시작하는 것보다는 훨씬 더 수월할 겁니다.

'누가 내 강의를 듣겠어.'라고 생각하실 수 있어요. 그리고 그건 어느 정도 사실일 수 있습니다. 하지만 누구에게나 처음이 있어요. 유명 강사에게도 어렵게 섭외한 강의장에 한두 명이 앉아 있어, 돌아오는 길에 펑펑 울며

좌절하던 처음의 경험이 있습니다.

여러분이 만약 블로그를 운영했다거나 특정 커뮤니티에 소속돼 있다면 그곳에서 홍보를 할 수 있을 거예요. 날짜와 시간을 정해 공지 글을 올린 뒤, 출간한 책의 주제에 관심 있어 할 사람들에게 직접 접촉을 해볼 수도 있고요.

만약 정 부담이 된다면 여러분과 비슷한 관심사를 갖고 있는, 또는 비슷한 시기에 전자책을 준비한 사람들과 함께 강의를 해도 됩니다. 그렇게 여러 명이 관심 있는 사람을 함께 끌어모으면 혼자서 하는 것보다 훨씬 부담이 덜 할 겁니다. 많지 않은 사람이 들어와도 괜찮습니다. 중요한 건 무료라는, 그리고 짧은 시간이라는 강의 형태를 빌려 여러분의 콘텐츠를 나눠보는 경험을 하는 거예요.

3) 유료 강의

이제 무료 강의를 해 본 경험을 기반으로 유료 강의를 시작할 수 있습니다. 누군가에게 돈을 받고 콘텐츠를 판다는 것은 사실 쉬운 것은 아니에요. 전자책이라는 수단을 통해 비용을 지불하는 독자와 만나는 것과 강의의 형태로 관심 있는 사람들을 만나는 것은 차이가 있습니다. 하지만 괜찮습니다. 우리는 무료 강의를 해봤으니까요.

많은 사람이 들어 왔든, 그렇지 않든, 무료 강의를 하면서 느끼게 된 점이 있을 겁니다. '내 설명이 조금 부족하구나.', '사람들이 이걸 재미있어하는구나.'라거나 아니면 '이 부분에서는 슬라이드를 두 개로 나누는 게 좋겠다.'라는 등 느끼게 되는 것들이 생기게 돼요. 직접 느끼는 것 이외에도 무료 강의의 반응을 통해 얻게 된 것들이 있을 겁니다.

유료 강의를 하는 데에는 그 피드백 하나하나가 굉장히 중요해요. '그들이 만약 돈을 내는 수강생들이었다면, 내 강의에 만족했을까?'라는 부분에 초점을 맞춰 반응 하나하나를 살펴보는 것이죠. 이를 통해 여러분은 보완할 부분을 찾을 수 있고, 용기를 얻을 수 있고, 유료 강의를 들을 수강생 1번을 만날 수도 있습니다. 사람들로부터 '이 정도 해주셨으면 돈 받으셔야 할 것 같아요.'라는 이야기를 들었다면 그건 준비가 된 것이지요.

그렇게 무료 강의에서 담았던 내용에 피드백을 보완해 유료 강의를 준비해 보세요. 다룰 콘텐츠가 많다면 여러 회차, 예를 들면 2~3주 차 과정으로 강의를 구성할 수도 있고, 1회 강의로 기획할 수도 있습니다. 그렇게 기획한 강의안을 강의 모집 공지로 여러분의 플랫폼에 올려보세요. 블로그에 올릴 수도 있고, 조금 더 가다듬어서 탈잉 등의 온라인 클래스 플랫폼에 올려볼 수도 있습니다.

중요한 것은 그 강의 공지를 볼 사람들이 누구며, 그걸 신청할 사람은 어떤 사람이고, 그들이 무엇을 얻어 갈 수 있을지 철저하게 '잠재적 수강생'의 입장에서 작성해야 한다는 겁니다. 여러분이 얼마나 잘났는지, 어떤 성과를 이뤘는지는 강의를 할 자격이 있다는 정도에서 기재해 주면 돼요. 관심 있어 하는 주제에 대한 강의 공지를 발견했는데, 대부분의 내용이 '자신이 얼마나 대단한지'에 대한 내용이라면 거부감을 느끼게 됩니다. 사람들은 그런 것에 크게 관심이 없습니다.

그보다는 강의를 들었을 때 무엇을 얻을 수 있는지, 이전에 강의를 들었던 사람은 어떻게 변화했는지, 그들이 남긴 피드백은 무엇인지를 before &

after로 직관적으로 보여줄 수 있으면 좋습니다. 유료 강의를 처음으로 할 때는 무료 강의에서의 피드백을 보여 주면 되겠죠. 그들의 리뷰나 카톡으로 받은 감사 인사 등을 적절히 보여 주는 것도 아주 좋은 방법입니다.

강의를 들은 사람들이 무언가 얻어 가는 것이 있도록 해야 해요. 강의를 1회성으로 기획해 비용을 9,900원으로 책정하든, 아니면 10만 원으로 책정하든 값을 지불한 금액 이상의 것은 가져갔다고 느끼도록 해야 합니다. 실제로 그런 콘텐츠를 준비해 주셔야 해요. 그렇게 해야만 그다음이 있을 수 있어요. 비슷한 강의가 어느 정도 금액을 받는지 살펴보는 것도 좋은 참고가 될 거예요.

물론 여러분의 전자책 주제가 무료 강의, 또는 유료 강의로 구성하기에는 적절하지 않을 수도 있습니다. 예를 들어, '대인 기피증이 있는 사람들을 위한 스피치'라는 주제는 해당되는 사람을 대상으로 강의를 해볼 수 있겠지만, '느리게 살아도 괜찮아.'라는 주제는 강의를 하기가 어렵겠죠. 하지만 그도 역시 풀어나가기 나름입니다.

책의 주제만으로 직접적인 강의를 하기는 어렵다고 해도 평범한 여러분이 어떻게 전자책을 쓰게 됐는지, 그로 인해 삶이 어떻게 달라졌는지, 그리고 이후의 삶은 어떻게 계획하고 있는지를 강의할 수도 있습니다. 꼭 실용적인 메시지를 전달하지 않는다 해도 **강의를 들은 사람이 새로운 것들을 경험할 수 있고, 자신의 삶에 긍정적인 변화를 줄 수 있다면 그 가치는**

비용으로 환산될 수 있으니까요.

퍼스널 브랜딩의 도착점은 어찌 보면 강의일지도 모릅니다. 책을 집필하는 것만으로도 나를 충분히 알릴 수 있을지만, 우리의 콘텐츠에 대가를 받는 것이 브랜딩이라는 것을 생각하면 그에 가장 적합한 수단은 책보다는 강의이니까요. 첫 전자책은 여러분이 쓰기에 가장 수월한 주제로 시작하는 것이 좋지만, 그다음 책은 아예 강의를 만들기 적합한 주제로 책을 쓰는 것을 권해 드립니다. 그래야 여러분이 만들어 낸 콘텐츠로 좀 더 여러 사람에게 긍정적인 영향을 줄 수 있을 겁니다.

전자책 만들기

보통의 주부 (아영)

부르크쓰: 안녕하세요, 아영님. 과제 하느라 고생하셨어요.

아영: 아니에요. 제 이야기를 만든다는 게 생각보다 재밌더라고요. 평생 다른 사람들의 콘텐츠만 소비하다가 요즘은 저 스스로 생산자가 되어 가는구나하고 느끼고 있어요.

부르크쓰: 그렇다면 다행이네요. 그럼 과제 해오신 것 보면서 말씀하시죠.

- 과제1. 가제 정하기: 평범한 아이 둘 엄마가 알려주는 독서 육아법

- 과제2. 책에 쓸 내용 10가지 고민해 보기

　　　1) 엄마로서의 첫걸음, 독서 육아를 시작하다.
　　　2) 독서 육아를 생각한 이유 (책이 아이의 삶에 미치는 영향)
　　　3) 독서 육아의 첫걸음: 환경 만들기
　　　4) 아이의 호기심 자극하기: 책 읽는 시간의 재미 만들기
　　　5) 각 나이대별 독서 습관 들이기
　　　6) 두 아이를 위한 균형 잡힌 독서 전략
　　　7) 독서 시간을 만드는 5가지 팁: 바쁜 엄마를 위한 현실적 조언

부르크쓰: 우선 첫 번째로 가제는 '평범한 아이 둘 엄마가 알려주는 독서 육아법'이라고 쓰셨네요. 좋은 제목이에요. 다루고자 하는 내용을 직관적으로 표현하려고 하신 거죠?

아영: 맞아요. 다른 책처럼 비유를 넣은 제목도 생각해 봤는데 제가 전하고자 하는 바와 오해가 생길까 봐 걱정이 되더라고요.

부르크쓰: 네, 저자가 전하려는 바와 다른 내용을 기대하게 한다면 제목을 보고 구매한 독자들이 실망을 할 거예요. 반감을 가지게 될 수도 있고요. 하지만 제목만 보고 구매하는 이들도 있는 만큼 조금 더 눈이 가는 제목을 고려해 보는 것도 좋을 것 같기는 해요. 그런 면에서 지난주에 했던 과제를 복기해 볼게요. 아영님 책의 핵심 타겟은 자녀에게 독서 습관을 들여주고 싶은 부모들이고, 확장 타겟은 자녀 교육에 관심이 많은 부모들이었어요. 그 사람들의 성별과 연령대는 주로 어떻게 될까요?

아영: 대략 30대 후반 40대 초반이겠지요? 그리고 아무래도 어린 자녀와 시간을 오래 보내는 건 엄마들일 테니, 여성 비중이 클 것 같고요.

부르크쓰: 네, 그렇다면 **그들이 우리가 정한 제목에 끌릴지**를 생각해 봐

야 해요. 제목을 보고 책을 고르는 사람도 있는 만큼, 조금 더 깊게 살펴볼게요. 읽지 않아도 책의 내용을 예상하게 한다는 면에서는 나쁘지 않아요. 거기다 아이 둘을 직접 키우며 실제로 얻어낸 노하우를 다루겠다는 생각을 갖게 하기도 하고요.

아영: 네, 그런 의도에서 더 직관적으로 쓰려고 한 거기는 해요. 저는 독서법이나 교육 분야의 전문가가 아니니까요.

부르크쓰: 네, 좋은 접근이에요. 하지만 과연 그걸로 충분할지는 조금 더 생각해 봐야 해요. 즉, '**핵심 타겟을 충분히 매료시킬 수 있는지**'에 대해서 말이죠. 아영님이 생각하신 가제가 핵심 타겟을 건드리는 건 맞지만, '독서 육아법'이라고만 표현하는 건 단순히 그 지점을 건드리는 것일 뿐이에요. 타겟들이 원하는 상태를 보여주지는 않아요.

아영: 타겟들이 원하는 상태요?

부르크쓰: 네, 그들이 독서 육아에 관심이 있는 건 맞지만 그 자체를 원하는 것은 아니에요. 그것보다는 **독서 육아를 통해서 '얻어 낼 상태'를 바라는 것이죠.** 즉, 산만한 아이가 정서적으로 안정되기를 바라거나 사고력이 발달해서 학업 능력이 향상되기를 원해서 독서 육아를 시키고 싶은 거겠죠. 그렇다면 이를 바탕으로 제목을 정해보는 것도 좋아요. 그런 의미에서 '선행 학습 없이도 우리 아이 성적이 상위권인 이유'나 '산만한 우리 아이가 책상에 1시간 앉게 된 비밀'과 같이 타겟들이 원하는 미래를 보여주는 것도 매력 있는 제목을 지을 수 있는 좋은 접근입니다.

아영: 그렇겠네요. 부모들이 정말로 기대하는 건 바로 그런 내용이겠어요.

부르크쓰: 네, 동시에 이런 제목들은 '독서 육아법'에는 직접 관심이 없었지만 자녀의 학습 능력을 향상시켜 주고 싶었던 부모들, 즉 간접 타겟 또한 아우를 수 있는 제목이 되겠죠. 그럼 과제 2번을 볼게요. 책에 들어갈 내용 10가지 고민해 보기, 어떠셨어요?

아영: 우선은 크게 어렵진 않았어요. 하지만 저 내용으로 책을 만드는 건 어렵겠더라고요. 제가 적어 온 것은 단순히 정보를 나열한 것 같은데, 전자책의 장과 챕터 등 어떻게 전체 내용을 구성해야 할지가 감이 오지 않아요.

부르크쓰: 네, 어려우셨을 거예요. 그래도 잘해주셨어요. 책의 내용을 구성하는 데 정해진 법칙이 있는 건 아니지만 메시지를 효율적으로 전하기 위해서 많은 종이책이 사용하고 있는 구조는 있어요. 우리가 전자책을 기획하더라도 종이책의 단단한 구조를 가져다 쓰면 좋겠죠. 우선은 쉽게 설명을 드려볼게요.

<책 - 5장 - 7꼭지 - 10문단 - 5문장>

책이란 건 다섯 개의 장으로 구성됐고, 그 장은 6~7개의 꼭지로, 꼭지 하나는 10개의 문단으로(1문단 서론, 8문단 본론, 1문단 결론), 문단 하나는 5개의 문장으로 구성된다고 볼 수 있어요. 상황에 따라 조절이 될 수 있지만 대략적으로 그렇다고 봐주시면 돼요. 이렇게만 보면 이해가 어려우니 비유를 들어 볼게요.

책 = 방

장 = 방안의 여행용 트렁크

꼭지 = 트렁크 안의 박스

문단 = 신발 박스 안의 필통

문장 = 필통 안의 볼펜

아영: 그렇게 비유를 하시는 건 처음 들어봤어요.

부르크쓰: 네, 생소한 개념을 이해하는 데에는 비유가 필요하지요. 그럼 책의 구조를 이해했다고 했을 때, 정리를 하기 위해서 우리가 해야 하는 건 뭘까요? 방 안에 여러 가지 색깔을 가진 펜과 필통, 신발 박스와 트렁크가 아무렇게나 쌓여 있다면 그걸 종류별로 잘 정리해 봐야겠죠. 검은색 펜들은 한 필통에, 가죽 필통은 하나의 박스에, 그리고 박스도 비슷한 묶음별로 정렬해서 한 트렁크에 담을 수 있겠죠. 지금 아영님이 적어오신 10가지 내용은 트렁크(장)일 수도 있고, 박스(꼭지)이거나 필통(문단)일 수도 있어요. 그걸 잘 체계화시켜서 정리하면 되어요

아영: 그렇게 정리해서 설명해 주시니까 조금은 이해가 돼요. 음, 그럼 이제 뭘 하면 될까요?

부르크쓰: 네, 우선은 장에 해당하는 트렁크 다섯 개를 가지런히 쌓아두고 그 각각의 트렁크에 무슨 박스(챕터)를 담을 건지 정하면 됩니다. 아영님이 써온 내용들을 봤을 때 생각해 볼 수 있는 장(章)은 다음과 같아요.

1) 독서 육아를 해야 하는 이유 (배경, 필요성)

2) 독서 환경 설정과 아이의 호기심 자극하기

3) 아이의 성장 단계에 맞춘 독서 전략 (나이대별 독서 습관을 만드는 맞춤형 전략)

4) 바쁜 부모를 위한 현실적인 조언과 극복 방법

5) 부모와 아이가 함께하는 독서 육아법 (꾸준히 이어가는 힘)

　물론 이는 내용을 잘 구분하기 위해 직관적인 장 제목을 적어둔 것이고, 실제로 책을 완성하기 전에는 좀 더 매력적인 장 제목을 만들 수 있도록 고민해 봐야겠죠. 우선 임시로 정한 장(章)의 번호를 아영님이 해오신 과제 2번 옆에 적어뒀어요. 그걸 표로 정리해 보면 이런 내용이 돼요.

구분	1장 - 독서 육아 배경과 필요성	2장 - 환경 설정과 호기심 자극하기	4장 - 바쁜 부모들을 위한 현실 조언	5장 - 부모와 함께 하는 독서 육아법
꼭지1	독서 육아의 시작	독서 환경 만들기	독서 시간 만드는 5가지 팁	아이들과 함께하는 독서법
꼭지2	독서 육아를 생각한 이유	아이의 호기심 자극하기	실패와 시행착오	아이들과 만들어 가는 이야기
꼭지3				
꼭지4				
꼭지5				
꼭지6				
꼭지7				

4주 차 전자책 구조표 (아영)

아영: 이걸 보니 좀 더 확실히 와 닿네요. 이런 식으로 책의 구조를 잡는 거군요.

부르크쓰: 맞습니다. 이렇게 채워 넣고 보면 장별로 꼭지 내용이 들어가는 게 맞는지, 순서는 어떻게 되어야 할지, 장의 제목은 알맞게 구성이 된 건지가 보일 거예요. 빠진 부분의 내용을 구상하면서 독자가 책을 펼쳐 들고 페이지를 넘길 때 최대한 자연스럽게 이해가 되도록 계속해서 조정해 가면 됩니다. 내용 구상은 아영님이 알고 있는 내용으로 넣을 수도 있고, 잘 모르는 내용을 조사해서 채워 넣으셔도 되고요.

아영: 네, 이제 정말 좀 감이 잡히는 것 같아요. 그런데 5장 7꼭지이니, 총 35개 항목이 되는데 이걸 반드시 다 채워야 하는 건가요? 조금 부담이 되긴 하네요. 조사를 한다고 다 채울 수 있을지도 모르겠고요.

부르크쓰: 꼭 그래야 하는 건 아니에요. 종이책의 경우에 보통 5개 장, 30개 내외의 꼭지로 구성되는데 이 역시 꼭 그런 건 아니거든요. 전자책은 조금 더 자유롭죠. 3장 총 15꼭지로 구성된 책도 있고, 별도의 장 없이 10개가량의 꼭지로 책을 쓴 분도 있어요.

아영: 그렇군요. 조사를 많이 해봐야겠어요.

지애: 저도 아영님의 사례를 통해 배우기는 했는데, 혼자서도 저렇게 장(章)별로 어떻게 종류를 정하고 구조를 잡을 수 있을지 걱정이 되네요.

부르크쓰: 물론 그러실 수 있어요. 다행히도 넣을 내용의 구상을 고민하는 아영님이나 구조를 짜는 것이 고민인 지애님께 도움이 될 수 있는 방법이 있어요.

아영, 지애: 그게 뭔가요?

부르크쓰: 두 분은 챗 GPT를 사용해 보셨나요? 눈치채셨는지 모르겠지만, 위에 아영 님이 과제 해오신 10가지 항목을 바탕으로 책의 5개 장을 구성하는 것은 GPT의 도움을 받은 내용이에요.

물론 질문이 명확해야 답변도 분명하게 나오지만, 제가 아영님의 사례를 바탕으로 질문하는 모습을 보여 드릴게요.

질문: 독서 육아법에 대한 책을 쓰려고 해. 5개의 장으로 구성할 건데, 다음의 10가지 항목들로 5개의 장을 기획해 줄 수 있을까?

1) 엄마로서의 첫걸음, 독서 육아를 시작하다.
1) 독서 육아를 생각한 이유 (책이 아이의 삶에 미치는 영향)
2) 독서 육아의 첫걸음: 환경 만들기
3) 아이의 호기심 자극하기: 책 읽는 시간의 재미 만들기
4) 각 나이대별 독서 습관 들이기
5) 두 아이를 위한 균형 잡힌 독서 전략
6) 독서 시간을 만드는 5가지 팁: 바쁜 엄마를 위한 현실적 조언
7) 실패와 시행착오 (완벽한 엄마가 아니라 괜찮은 엄마가 되는 법)
8) 아이들과 함께 성장하는 독서법 (꾸준히 이어가는 힘)
9) 아이와 엄마가 함께 만들어 가는 이야기

답변(챗GPT v3.0): 물론이죠. 말씀 주신 10가지 항목들로 독서 육아법에 대한 책을 쓴다고 할 때, 다음과 같이 구성할 수 있어요.

1장. 엄마로서의 첫걸음: 독서 육아를 시작하다

2장. 독서로 여는 아이의 세상: 호기심과 습관의 씨앗 심기

3장. 가정에서의 조화: 아이마다 다른 독서법 찾기

4장. 완벽하지 않아도 괜찮아: 독서 육아의 시행착오

5장. 함께 써 내려가는 이야기: 독서로 완성되는 가족의 여정

질문2: 그럼 위의 5개의 장에서 10가지 내용 외에 다른 하위 내용(꼭지)
은 어떤 것을 생각해 볼 수 있을까? 장별로 서너 가지씩 추천을 해 줘.

답변(챗GPT v3.0): 독서 육아법에 관한 책을 5개의 장으로 구성하려면
각 장에서 다룰 주요 주제를 정리하고, 각 주제를 통해 독자가 단계적
으로 독서 육아법을 배울 수 있도록 해야 합니다. 아래는 10가지 항목을
아우르는 장 구성입니다.

1장. 엄마로서의 첫걸음: 독서 육아를 시작하다
> 1) 독서 육아를 시작하게 된 계기와 책이 아이의 성장에 미치는 긍정적인
>   영향
> 2) 아이를 위한 독서 환경 만들기: 책장 정리, 독서 공간 꾸미기
> 3) 엄마의 독서 습관이 아이에게 미치는 영향
> 4) 처음 읽어줄 책을 고르는 기준과 방법

2장. 독서로 여는 아이의 세상: 호기심과 습관의 씨앗 심기
> 1) 책 읽는 시간을 재미있게 만드는 놀이식 접근법
> 2) 유아기와 아동기의 독서 습관 형성 차이점
> 3) 그림책에서 글 책으로 넘어가는 자연스러운 방법
> 4) 책을 통해 아이의 상상력과 호기심을 자극하는 방법

3장. 가정에서의 조화: 아이마다 다른 독서법 찾기

    1) 형제자매 간 독서 관심사를 조화롭게 맞추는 방법
    2) 한 아이가 책을 좋아하지 않을 때의 대처법
    3) 바쁜 엄마를 위한 현실적인 독서 시간 관리 팁
    4) 독서 시간 외에도 책을 활용한 놀이 아이디어

4장. 완벽하지 않아도 괜찮아: 독서 육아의 시행착오

    1) 독서 육아의 실패 경험과 이를 통해 얻은 교훈
    2) 아이가 책을 거부할 때 극복하는 법
    3) 완벽한 엄마가 되려는 부담감을 내려놓는 방법
    4) 꾸준한 독서를 가능하게 하는 현실적 동기 부여 전략

5장. 함께 써 내려가는 이야기: 독서로 완성되는 가족의 여정

    1) 독서를 통해 쌓아가는 가족만의 추억 만들기
    2) 아이와 함께 직접 이야기를 만들어 보는 활동
    3) 독서 육아의 긴 여정에서 엄마가 얻는 것들
    4) 아이가 독립적으로 독서를 즐기게 되는 순간의 의미

어떤가요? 보시는 것과 같이 구조에 대해 막연했다면 참고할 수 있는 충분한 정보를 제공해 주고 있어요. 질문이 명확할수록 챗GPT는 더 자세한 답변을 해줘요.

아영, 지애: 저희보다 훨씬 나은데요? 이렇게까지 AI가 똑똑해진 줄 몰랐어요. 부르크쓰님은 AI의 발전을 부정적으로 생각하시는 줄 알았는데 말

이에요.

부르크쓰: 부정적으로 보지는 않아요. 다만 경계할 뿐이죠. 또 경계를 한다고 해도 세상이 변하는 걸 따라는 가야 해요. **모두가 전장에서 총을 사용하기 시작했는데, 저만 칼을 들고 다닐 수는 없죠.** 하지만 자세히 보면 위치가 어색하거나 우리의 의도와 다른 곳에 들어있는 경우들이 있더라고요. 그렇기 때문에 이는 참고만 하고, 반드시 검증하는 작업을 거쳐야 합니다. 또, 각 장별로 비어 있는 꼭지에 집어넣을 내용이 생각나지 않을 때 인터넷 리서치와 함께 활용할 수 있는 방안이 되기도 해요.

아영: 이걸 이렇게 활용할 수 있는 줄 몰랐어요. 크게 도움이 되겠네요.

부르크쓰: 네, 맞아요. 다시 과제로 돌아가서 이야기를 하면 이런 식으로 책의 전체 구조를 보고 비어 있는 내용을 채우고, 순서를 고민하면서 목차를 구성하면 됩니다. 순서는 말씀드렸듯 독자의 시선에서 자연스럽게 흘러가도록 세우시면 되고 장 제목과 목차 제목도 시선을 끌어당길 수 있게끔 신경 써 주셔야 해요. **대부분의 사람은 책의 제목과 목차를 보고 책을 구매하게 되니, 목차만 봐도 책의 내용이 궁금해지도록 많이 고민해서 구성해 주셔야 해요.** 필요하면 다른 책들도 참고하시고 유행하는 문구를 활용해도 되고요. 그럼 잠시 쉬었다가 아영님의 다음 과제를 보면서 글에 대한 수업을 진행해 볼게요.

보통의 주부 (아영)

부르크쓰: 이제는 과제 3번, 초안 써오신 내용을 보고 실제로 책을 어떻게 써야 하는지 살펴볼게요.

과제3. 초안 한 꼭지 써보기: 만 3살 이전에 티비를 보여주는 것이 뇌 발달에 미치는 부정적 영향

현대 사회의 많은 부모님들이 만 3살 이하 아이들에게 영상 매체를 보여줍니다. 특히 카페나 음식점에서는 스마트폰으로 동영상을 보여 주는 경우가 많습니다. 그러나 이런 행동은 유아기의 아이 두뇌 발달에 좋지 않은 영향을 줄 수 있습니다. 아이들은 티비를 볼 때 뇌가 제대로 발달하지 않습니다. 연구에 따르면, 만 3살 이하 아이들은 티비를 볼 때 시냅스 형성과 대뇌피질, 그리고 미엘린화 등 뇌의 중요한 연결이 잘 형성되지 않는다고 합니다. 이렇게 되면 나중에 학습 능력과 사회성 발달에 문제가 생길 수 있습니다. 스마트폰으로 동영상을 보여 주는 것도 좋지 않습니다. 이건 아이의 주위 집중력과 상호작용 능력을 떨어뜨릴 수 있습니다. 대신 책을 읽어 주는 것이 훨씬 더 좋습니다. 책을 읽으면 아이는 상상력과 창의력을 키울 수 있습니다. 또한 언어의 발달에도 좋습니다. 책을 읽는 아이들은 더 많은 단어를 배우고, 이야기의 구조를 이해하는 능력이 뛰어나집니다. 부모와 함께 책을 읽는다면 아이와의 유대

감을 강화하는 중요한 시간입니다. 책을 읽는 습관을 들이는 것은 아이의 나이에 맞는 책을 선택하는 것이 중요합니다. 예를 들어, 만 3살 이하의 아이에게는 그림이 많은 책이 좋습니다. 어른들도 웹툰을 좋아하는 것처럼요. 짧고 반복적인 이야기가 있는 책도 좋습니다. 처음에는 짧은 시간부터 시작해 점차 시간을 늘려가는 것이 좋습니다. 결론적으로, 만 3살 이하의 아이에게 티비를 보여 주는 것은 뇌 발달에 좋지 않습니다. 특히 카페나 음식점에서 스마트폰으로 동영상을 보여 주는 것은 피해야 합니다. 아이는 부모의 거울이니 부모가 먼저 모범을 보여야겠죠. 부모는 아이와 함께 책을 읽으며, 책을 통해 긍정적인 영향을 최대한 활용해야 합니다. 아이의 미래를 위해 지금부터 책 읽는 습관을 들이는 것이 중요합니다.

부르크쓰: 우선은 잘 쓰셨어요. 아영님 써보니 좀 어떠셨나요?

아영: 사실 좀 어려웠어요. 제가 막연하게 알고 있는 것과 글을 쓰는 건 또 다르더라고요. 쓰다 보니 '아, 내가 이걸 충분히 잘 모르고 있구나.'라는 것도 알게 됐고요.

부르크쓰: 그래도 아직 글을 많이 써보지 않으신 것을 감안하면 잘 써주셨어요. 제가 녹색 폰트를 칠한 부분이 서론이고, 붉은색으로 칠한 부분이 결론인데 목적에 맞게 작성해 주셨고요. 하지만 우리가 좋은 점만 이야기해서는 발전이 없겠죠? 아영님께서는 아직 글쓰기 경험이 많이 없다는 점을

감안하고, 앞으로 어떻게 원고를 쓰는 게 좋을지에 초점을 맞춰 이야기해 볼게요. 이건 다른 분들도 공통적으로 참고하실 수 있는 내용일 거예요.

아영: 네, 감사해요. 얼른 말씀해 주세요.

부르크쓰: 우선 처음 글을 쓸 때 1번으로 가져야 하는 마음가짐이 있어요. 그건 바로 '**잘 쓰려고 해서는 안 된다.**'예요.

아영: 잘 쓰려고 하면 안 된다고요?…

부르크쓰: 네. 그러면 안 돼요. 초보 작가 분들이 생각하는 '잘 쓴다'의 개념은 독자가 생각하는 그것과는 다르거든요. 아영님은 '**잘 쓴 글**'의 정의가 뭐라고 생각하세요?

아영: 글이 멋있고, 전문적인 느낌이 나고, 또 들어 있는 내용이 유익한 거요?

부르크쓰: 네, 저는 어지간해서는 이런 표현을 쓰지 않아요. 하지만 지금 상황에서 그런 생각은 잘못됐어요.

아영: 그런가요?

부르크쓰: 네. 그건 일부 전문가들의 글을 볼 때 우리가 부수적으로 느끼는 감정 중 하나이기는 해요. 분명 그런 느낌도 중요하기는 하죠. 하지만 초보 작가를 꿈꾸는 우리가 지향해야 하는 것과는 달라요. 그리고 책이 읽히는 본질과는 조금 벗어나 있는 생각이죠. **사람들이 책을 읽는 이유는 '저자가 글을 잘 쓴다.'라는 걸 느끼기 위해서가 아니에요.** 우리 책을 산다고 해도 사실 독자는 우리에게 별로 관심이 없거든요. 그것보다는 '책에

담겨 있는 내용을 이해하고, 자기가 받아들이는 것'이 중요하죠. 거기에 유려한 표현이나 전문적인 용어는 크게 필요하지 않아요. 그보단 **쉬운 표현들로 명료하게 쓰는 게 본질에 맞는 접근이죠.**

아영: 그러네요. 저는 너무 글을 잘 쓰려고만 했네요. 책이라고 하니까 뭔가 그래야만 한다고 생각했던 것 같아요. 처음이다 보니 조금 더 힘이 들어간 것도 있었고요.

부르크쓰: 네, 맞아요. 하지만 이게 잘 못 된 건 아니에요. 누구나 좋은 글을 쓰기 위해 거쳐 가야 하는 과정입니다. 무리하게 힘을 준 글과 편하게 풀어쓴 글이 독자들에게 어떻게 읽히는지를 보며 '나의 의도는 그게 아니었는데 다르게 받아들이는구나.'라는 걸 경험해야 알 수 있는 것들이죠. 어찌 보면 부끄러울 수도 있는데 수업을 위해 작게 희생해 주신 아영님께 감사의 말씀 드릴게요.

아영: 어머, 아니에요. 저도 제가 쓴 초안을 갖고 말씀해 주시니 잘 배울 수 있고 좋죠.

부르크쓰: 네, 그럼 계속해서 보시죠. 초안을 써오신 꼭지의 제목은 '만 3살 이전에 티비를 보여 주는 것이 뇌 발달에 미치는 부정적 영향'이에요. 우선 제목의 내용이 조금 긴 감이 있어요. 직관적으로 표현을 한 것은 좋지만 조금 더 간결하게 축약해 보는 게 좋겠어요. '만 3세 이전에 티비를 보여 줄 때 아이의 뇌 속에서 벌어지는 일' 정도의 제목도 좋을 것 같네요. **내용과 벗어나지 않으면서도 궁금증을 유발할 수 있는 제목을 지을 수 있**

도록 많이 고민해 주세요. 그리고 구조적인 부분을 볼게요. 티비를 보여주는 게 뇌 발달에 좋지 않다는 서론과 세 단락의 본론, 그리고 책을 읽어줘야 한다는 내용의 결론으로 구성을 하셨네요. 본론의 길이는 원래 7~8 단락은 되어야 하는데, 피드백을 위해 짧게 작성하신 거죠?

아영: 네, 맞아요. 너무 길면 피드백을 주시기가 어려울 것 같아서요.

부르크쓰: 네, 그 부분은 감안하고 볼게요. 아영님의 서론은 꼭지에서 말하고 싶은 전체 내용을 요약해 주신 걸로 보여요. 하지만 여기선 독자의 주의를 집중시키는 데 초점을 맞추는 게 좋아요. 독자가 책의 중간을 펼쳤을 때 나오는 꼭지의 제목과 첫 두세 줄을 읽고도 '아, 이 부분은 읽어봐야겠다.'라는 생각이 들게끔 해야 해요. 그게 서론의 목적이에요.

아영: 음. 그렇군요.

부르크쓰: 만약 '만 3세 이전에 티비를 보여 줄 때 아이의 뇌 속에서 벌어지는 일'이라는 꼭지 제목을 봤을 때, 독자는 기대하는 부분이 있을 거예요. 이 글이 자신의 자녀 교육에 대한 지적인 호기심을 채워 줄 것인지, 아니면 좋지 않다는 걸 알면서도 티비를 보여 주는 죄책감을 덜어 줄 거라고 생각하겠죠. 주제에 따라 하는 생각은 다르겠지만 모든 사람들은 책을 읽을 때 비슷한 기대를 하며 페이지를 넘겨요. 책을 읽는다는 것은 에너지가 드는 일인데 그럼에도 한다는 건 이러한 보상을 기대한다는 거죠.

아영: 오. 그렇게는 생각을 못해봤어요. 그럼 저희는 그런 기대에 부응을 하면 되는 거군요?

부르크쓰: 큰 틀에서는 그렇죠. 이처럼 글을 읽을 때 독자가 갖게 되는 마음을 한번 정리해 볼게요.

> \+ 지식을 채우는 것, 재미(호기심)를 채우는 것, 정보를 소유하고 싶은 욕구를 채우는 것

> \- 문제를 해결하는 것, 불안을 해소하는 것, 인지부조화를 제거하는 것

위와 같이 뭔가 읽는 건 플러스의 감정을 채우려고 하거나 마이너스의 감정을 해소하려는 행동이에요. 그리고 우리가 서론에서 집중해야 하는 건 위와 같이 호기심을 자극하거나 막연했던 생각을 구체화해 주거나 아니면 읽지 않으면 손해를 볼 것 같은 불안을 부추기는 거죠. 각각의 예시를 들며 조금 더 자세히 말씀드려 볼게요.

> \- 지적 호기심을 자극: 티비를 봤던 아이와 보지 않았던 아이, 성인이 되고 나서 IQ에 차이가 있을까요?

> \- 정보 소유욕을 자극: 티비를 볼 때 우리 아이의 머릿속에서는 5가지 변화가 일어납니다.

> \- 문제를 해결하려는 마음을 자극: 소중한 우리 아이. 매일 시청하는 동영상이 두뇌 발달을 현저하게 저하시킨다는 사실을 알고 계신가요?

> \- 인지부조화: 아이를 달래려 티비를 보여 주는 게 실은 아이를 가장 흥분하도록 만든다는 걸 알고 계신가요?

위와 같이 독자가 책을 읽는 동기를 파악해 봄으로써 이를 자극하고, 부추기는 문구를 만들어 볼 수 있어요.

아영: 와. 그렇네요. 사람들이 어떤 생각을 갖고 책을 보는지를 이해함으로써 글을 읽을 동기를 강화해 주는 거군요!

부르크쓰: 네, 맞아요. 이를 전개하는 방식에도 여러 가지가 있어요. 위와 같이 **독자가 관심을 가져야 할 만한 관련 정보로 시작**을 할 수도 있고, 또는 **사례**로 운을 띄울 수도 있어요. '제 주변에 아이에게 항상 티비를 보여주던 지인이 있었어요. 그리곤 초등학교에 올라가자마자 선생님으로부터 주의력이 부족하다는 전화를 받았죠.'와 같이요. 아니면 공감을 유도하는 것도 1가지 방법이에요. '매일 같이 보여는 주지만 어딘가 죄책감이 드는 유아용 티비, 과연 다른 방법은 없을까요?' 처럼요. 어쨌든 공통적으로는 '이 글을 읽어야겠다'라는 마음이 들게끔 해야 한다는 거예요. 그러면서 글의 방향을 명확히 해주는 거죠.

아영: 충분히 이해가 됐어요. 여기에도 여러 가지 접근 방법이 있군요. 사례별로 연습을 좀 해보면 서론 부분은 다양하게 시작할 수 있겠어요.

부르크쓰: 네, 맞아요. 모든 꼭지에서 똑같은 방식으로 접근을 하면 아무래도 독자가 지루해할 수 있어요. 시중에 나와 있는 책들을 보며 서론 부분에서 어떻게 시작을 했는지 살피면 아영님도 다양하게 서론을 구성할 수 있을 거예요. 이제 본론을 볼게요. **본론의 목적은 꼭지의 주제를 뒷받침하는 주요 주장과 이를 지지하는 근거를 제시하는 거예요. 여기에는 다양한 사례가 함께 나오며 독자가 글의 요지를 분명하게 이해하게 하는 게 중요해요.** 서론에서 던진 문제, 유발한 궁금증 등이 있다면 이에 대해서

함께 회수하면서요.

아영: 음. 그렇군요. 사례가 중요하군요.

부르크쓰: 네, 맞아요. 7~8단락에 달하는 본문 전체를 이론이나 주장만으로 채운다면 그런 글은 독자가 별로 보고 싶지 않을 거예요. 그건 아주 지루하거든요. 그렇기 때문에 관련한 사례를 찾고 이를 자연스럽게 풀어내는 노력이 필요해요. 우리가 어떤 글을 보고 재미있다고 느끼는 건 사실 그 안에 담긴 사례가 재미있는 거예요.

아영: 그렇군요. 그러네요. 생각해 보니까 재미있게 봤던 책에서 기억이 남는 부분은 거기에 등장하는 사례였던 것 같아요.

부르크쓰: 네, 맞아요. 하지만 사례를 소개하는 것으로 끝나서는 안 되고, 그 사례에 대한 저자의 생각 또한 함께 들어가야 해요. 이 사례를 소개한 이유는 무엇인지, 이를 통해 얻어내고자 하는 바는 무엇인지 글의 맥락에 맞게 풀어줘야 하죠.

아영: 그러면 사례가 모든 꼭지에 들어가야 하는 걸까요?

부르크쓰: 맞아요. 풀어낼 내용이 많은 사례라면 한 꼭지에 하나만 들어가도 되고, 그게 아니라면 중심 사례와 보조 사례, 총 2개의 사례가 들어가도 됩니다. 그렇기 때문에 우리가 전달하고자 하는 메시지에 맞는 사례를 최대한 많이 모아야 해요. **누군가가 우리의 글을 보고 공감하기 위해서 필요한 건 잘 쓴 문장이라기보단 적절한 사례와 이론이거든요.**

아영: 결국 주제에 맞는 사례가 들어간 글이 신뢰감과 공감을 준다는 말씀

이시군요.

부르크쓰: 네, 그럼 이제 본론을 제대로 살펴볼게요. 지금 아영님의 글에는 우선 전문적인 용어가 많이 들어가 있어요. 초보자를 대상으로 하는 글이니만큼 쉬운 용어가 사용돼야 하고, 만약 글의 전개에 반드시 들어가야 하는 용어라면 누구나 이해할 수 있도록 쉽게 풀어 설명해 줘야 해요. 또, 여러 가지 주장들이 등장하는데 글에서 무언가를 주장했다면 그에 대한 근거가 제시되어야 합니다. 책이나 기사에서 인용한 자료라면 그 출처를, 어떤 실험에서 밝혀진 자료라고 하면 그 부분을 명시해 줘야 하죠.

아영: 그러네요. 생각해 보니 제가 봤던 뇌과학책들에서도 '미국 보스턴대학교에서 진행된 한 실험에 따르면'이라는 등의 부연설이 있고, 내용이 시작됐던 것 같아요.

부르크쓰: 네, 맞아요. 우리가 SNS에 무료 공개할 글이 아니라, 돈을 받고 팔 목적으로 글을 쓰고 있으니 출처가 명확해야겠죠. 그리고 다음으로는 아영님을 포함한 초보분들의 글 대부분에서 나타나는 문제점인데요. 같은 단어와 표현이 반복적으로 사용된다는 거예요.

아영: 어머. 그런가요?

부르크쓰: 네, 사람이 말을 할 때 자주 쓰는 말투가 있듯이 글을 쓸 때도 습관이 있어요. 아영님의 글을 보면 '좋습니다.'라는 표현이 반복적으로 사용되는 게 보여요. **같은 단어가 너무 여러 번 사용되면 독자가 지루함을 느끼거나 했던 말을 또 한다고 느낄 수가 있어요.** 그렇기 때문에 뜻이 비슷

한 다른 용어를 사용하는 게 더 나아요. '좋습니다.'는 '유익합니다.'나 '이롭습니다.', 아니면 '권장됩니다.' 등 여러 가지 표현으로 대체할 수 있지요.

아영: 음. 그렇네요. 습관이 들어있는 부분을 의도적으로 고쳐야 하는 거군요.

부르크쓰: 네. 그리고 내용 면에서도 같은 이야기가 반복되는 경향이 있는데요, 본문 중 한 단락을 한번 고쳐볼게요.

대신 책을 읽어 주는 것이 훨씬 더 좋습니다. 책을 읽으면 아이는 상상력과 창의력을 키울 수 있습니다. 또한 언어의 발달에도 좋습니다. 책을 읽는 아이들은 더 많은 단어를 배우고, 이야기의 구조를 이해하는 능력이 뛰어나집니다. 부모와 함께 책을 읽는다면 아이와의 유대감을 강화하는 중요한 시간입니다. → 대신 책을 읽어 주는 것이 두뇌 발달에 더 유익합니다. 독서를 통해 아이는 창의력을 키울 수 있고 언어 발달에도 도움이 됩니다. 또한 이야기 구조를 더 잘 이해할 수 있게 되는데, 이는 아이의 상상력을 높여 줍니다. 부모와 함께 책을 읽는다면 아이와 유대감이 강화되는 장점 또한 기대할 수 있습니다.

아영: 내용이 훨씬 부드러워졌네요. 같은 단어를 반복하는 것만 바꿔주고, 정렬을 했는데 느낌이 이렇게 달라지는군요.

부르크쓰: 아무래도 조금 덜 지루하게 느낄 거예요. 또 본문의 마지막 단

락을 보면 현재 꼭지에서는 **직접적으로 연관이 없는 내용이 들어가 있어요**. 시기에 맞는 책을 고르는 건 분명 독서에 대한 내용이지만 다른 꼭지에 들어가는 것이 더 적절할 것 같네요. 여러 가지 살을 붙여서 개별 꼭지로도 구성 가능한 내용인데 여기에만 넣는 건 아깝고, 다른 꼭지를 또 구성할 거라면 같은 이야기의 반복으로 여겨질 수 있습니다.

아영: 아, 음. 그렇군요. 하나하나 뜯어보니까 그냥 하고 싶은 말을 쏟아냈던 것처럼 느껴지네요. 조금 부끄럽기도 하고, 글이 어렵다는 생각도 드네요.

부르크쓰: 그러실 수 있어요. 하지만 어렵게 생각하기보다 이것만 기억해 주세요. **글을 한 단락 쓸 때마다 다시 꼭지의 제목을 확인해줘야 한다는 것.** 그렇게 하지 않으면 생각의 흐름에 이끌려 엉뚱한 이야기가 들어가게 돼요. 꼭지에서의 키 메시지는 한가지여야 하는데, 독자 입장에선 혼란스럽거나 집중력이 떨어지는 이유가 되는 거죠. **그것 이외에는 독자가 쉽게 이해할 수 있도록 신경을 써 주시면 돼요.** 그게 제가 말씀드린 전부예요.

아영: 그렇군요. 조금 연습해 보면 잘할 수 있을 것 같기도 해요. 그럼 이제 결론 부분도 알려주세요.

부르크쓰: 네, 물론이죠. 결론은 오히려 간단해요. 아영님이 서론에서 던진 방향에 맞게 전개한 본론의 내용을 요약하면서 마무리 지어 준다고 생각하시면 돼요. 그리고 문장 하나가 한 줄 반을 넘어서는 것은 지양하는 것이 좋아요. 사람들은 점점 책을 읽지 않기 때문에 짧은 단문으로 구성된

글을 좋아하거든요. 이해하시기 쉽도록 제가 같은 내용의 결론을 살짝 바꿔 볼게요.

결론적으로, 만 3살 이하의 아이에게 티비를 보여주는 것은 뇌 발달에 좋지 않고, 특히 카페나 음식점에서 스마트폰으로 동영상을 보여 주는 것은 피해야 합니다. 아이는 부모의 거울이니 부모가 먼저 모범을 보여야 하니 부모는 아이와 함께 책을 읽으며, 책을 통해 긍정적인 영향을 최대한 활용해야 합니다. 아이의 미래를 위해 지금부터 책 읽는 습관을 들이는 것이 중요합니다.

→ 결론적으로 만 3살 이하의 아이에게 티비를 보여 주는 것은 뇌 발달에 좋지 않습니다. 특히 카페 등 외부에서 동영상을 보여 주는 건 피해야 합니다. 아이는 부모의 거울이라는 표현이 있듯, 먼저 책 읽는 모습을 보여주면 아이도 따라 할 수 있습니다. 아이의 미래를 위해 오늘부터 당장 책을 읽어 주시는 건 어떨까요?

아영: 글이 훨씬 짧아졌는데도 제가 하려던 말이 다 들어가 있네요!

부르크쓰: 네, 메시지를 전달할 수만 있다면 글은 짧을수록 좋아요. 글을 읽을 때 에너지가 드니 그걸 최대한 줄여 주는 셈이죠. 이 외에 **결론에서는 글을 읽은 독자가 행동할 수 있도록 동기부여를 해주는 것이 좋아요.** 결국 책을 읽은 이의 마음이 동하고, 무언가 실행하게 되어야 우리 책을

좋은 책이라고 생각하게 됩니다. 그래야 독자의 삶도 좋은 방향으로 변화할 거고요.

아영: 그렇네요. 서론에서 말씀하셨던 것처럼 말을 거는 방식으로 마무리를 하면 독자가 자기 자신의 이야기라고 생각할 수도 있겠어요.

부르크쓰: 네. 그밖에 명언을 인용할 수도 있고 멋진 비유를 할 수도 있죠. **본문에서 설명했던 내용을 좀 더 뾰족하게 가다듬어서 독자의 마음에 새겨 준다고 생각하시면 됩니다.**

아영: 휴. 설명을 듣고 보니 당장 제가 쓴 글을 고치고 싶은데요?

부르크쓰: 그건 모두가 그렇습니다(웃음). 자신이 쓴 글을 봐도 고칠 부분이 많이 보여요. 오늘 쓴 글을 내일 봐도, '어제의 내가 부족했구나.'라는 생각이 들고요. 글이란 현재의 우리가 반영되는 것이라고 해요. 지금 우리보다 더 나은 글을 쓰려고 할 필요는 없어요. 우리가 쓸 수 있는 최선의 글을 쓰고, 부족한 부분이 있다면 어쩔 수 없죠. **우리가 더 나은 사람이 되어서 더 좋은 글을 쓰면 되어요.**

아영: 감사해요. 그렇게 말씀하시니 조금 용기가 생기네요.

부르크쓰: 네, 그럼 이제 지애님의 과제를 보며 다음 수업 진행해 볼게요. 수고하셨습니다.

보통의 장년 (지애)

부르크쓰: 지애님, 아영님의 수업을 같이 들으셨는데 어떠셨어요?

지애: 네, 쉽게 풀어 주셔서 이해가 잘 됐어요. 그걸 실제로 하는 건 또 다른 문제겠지만요. 그런 면에서 제가 전자책 한 권을 완성할 때까지 멈추지 않고 잘 달릴 수 있을지 걱정이네요.

부르크쓰: 네, 다들 그런 고민을 갖고 계시죠. 책을 쓴다는 건 단거리 경주는 아니지만 그렇다고 기한을 두지 않으면 한없이 늘어지거든요. 그렇기 때문에 현실적인 목표를 정해두고 가급적 그걸 지키려고 하는 게 좋아요. 하지만 혼자 하다 보면 차일피일 미루게 되죠.

지애: 맞아요. 제가 매번 그래서 이번에도 그럴까 걱정이 되네요.

부르크쓰: 그럴 때 쓸 수 있는 즉효 약이 있습니다.

지애: 그게 뭐죠?

부르크쓰: 바로 블로그를 활용하는 거예요.

지애: 블로그요? 그건 지금 하고 있는데요. 그런데 별 반응이 없어요.

부르크쓰: 그러실 수 있어요. 하지만 블로그 하는 법을 조금 더 배운다면 제대로 된 반응을 보실 수 있을 겁니다.

지애: 그거 알아요. 블로그를 더 배운다는 게 상위 노출이나 어떻게 하면 더 많은 사람들이 글을 볼 수 있는지에 대한 거죠?

부르크쓰: 아니요, 오히려 그 반대입니다. 누군가 우리 글을 많이 읽게 하

는 것은 결국 기술적인 부분에 대한 이야기예요. 저는 그것보다는 본질에 대한 이야기를 하고 싶어요.

지애: 본질이라는 게 무슨 말씀이실까요?

부르크쓰: 네이버에서는 글을 상위로 올려 주는 로직을 몇 년마다 바꾸고 있습니다. 그 로직이 변화되는 것과 무관하게 **여러분의 글을 읽어 줄 사람을 만드는 것이 본질**이죠.

지애: 그게 가능한가요? 그렇다면 정말 좋겠네요.

부르크쓰: 네, 제가 여기서 설명 드리려고 하는 부분이 바로 그런 것이에요. 이를 위해서는 두 가지가 필요한데요, 지애님이 '**무엇을 하는 사람으로서 인지되는 것**'과 '**여러분만의 관점**'을 만들 수 있어야 해요.

지애: 뭔가 어려운데요? 하지만 또 쉽게 풀어주시겠죠?

부르크쓰: 그럼요. 우선 지애님이라고 하는 사람 그 자체로 인지되는 것에 대해 이야기를 해볼게요. 지애님은 블로그에서 주로 어떤 글을 쓰시나요?

지애: 저는 주로 저의 일상에 대한 이야기를 써요. 그리고 얼마 전에 손녀가 태어나서 그에 대한 이야기나 제가 관심 있어 하는 것들에 대해 글을 조금씩 쓰고 있어요.

부르크쓰: 그렇군요. 이렇게 한번 예시를 들어 볼게요. 지애님이 재미있는 뭔가를 찾아 마을을 산책하고 있다고 가정해 보시죠. 마을의 집집마다 집주인이 나와서 자신만의 이야기를 하고 있다고요. 길을 지나가는 사람들에게 누군가는 그날의 뉴스에 대한 이야기를 하고, 부동산 경기에 대한 이

야기를 하기도 해요.

지애: 블로그를 그 가상의 마을이라고 비유를 들어 말씀하시는 거군요?

부르크쓰: 네, 맞아요. 지애님은 그중 재미있을 걸로 보이는 사람을 발견했어요. '인생은 오십부터'라는 아이디를 가진 사람이 명예퇴직 후에 어떻게 살아갈 것인가라는 주제를 이야기하고 있어요. 말도 조리 있게 잘하고, 던지는 메시지도 공감이 가요. 그렇다면 어떤 생각이 들 것 같으세요?

지애: 또 듣고 싶다는 생각이요?

부르크쓰: 그렇죠. 그래서 그 사람의 집 위치를 기억해 둬요. 그리고 나서 다음 날 다시 찾아오기로 합니다.

지애: 네. 저도 마음에 드는 글을 쓴 사람은 그렇게 이웃 추가를 하거나 즐겨찾기를 해두니까요.

부르크쓰: 그렇게 다음 날 다시 '인생은 오십부터'의 집 앞에 찾아갔는데, 뭔가 이상해요. 지애님은 명퇴 이후에 새로운 삶을 설계해 나아가는 이야기가 좋았던 건데, 갑자기 '면역력 기르는 생강차 담그는 법'에 대해 알려주고 있어요. 그렇다면 어떨 것 같으세요?

지애: 기대한 내용이 아니니까 아무래도 실망하겠죠?

부르크쓰: 네, 하지만 첫 번째로 봤던 글이 좋았기 때문에 다음 날 한 번만 더 찾아오기로 해요. 그렇게 시간을 들여 그의 집 앞을 찾았는데, 오늘은 '수락산 완봉기'에 대해 이야기해요. 그러면 어떨 것 같으세요?

지애: 아마 더 찾아가고 싶지 않을 것 같아요.

부르크쓰: 맞습니다. 이와 같이 글이 좋거나 자신의 취향에 맞는다고 해도 던지는 이야기가 일관되지 않으면 시간을 들여 찾아가지 않아요. 세상에는 셀 수 없이 많은 사람들이 이야기를 하고 있는데, 굳이 에너지를 들여 그를 찾아갈 필요가 없어지는 거죠.

지애: 그렇군요. 이해가 갔어요. 그렇다면 꼭 1가지 주제에 대해서만 이야기를 해야 하는 건가요?

부르크쓰: 꼭 그렇지는 않아요. 하지만 지애님이 블로그 아이디를 만들고, 거기에서 어떤 이야기를 하겠다라는 컨셉을 정했다면 그와 결이 맞는 이야기를 해줘야 합니다. 만약 '인생은 오십부터'라고 아이디를 정하고, 명퇴 이후의 삶을 다루기로 했다면 그와 직간접적으로 연관이 있는 다뤄야 하는 것이죠. '50대 이후를 살아가기 위한 인생 설계'를 주요 주제로 정했다면, 50~60대의 자기 계발이나 취미, 고민거리 등은 서브 주제가 될 수 있겠지만 동떨어진 내용은 다루기가 부적절하다고 할 수 있을 거예요.

지애: 네, 라디오 채널 같은 거군요. 배철수의 음악캠프를 틀었는데, 교통사고 정보가 나오면 이상한 것처럼요.

부르크쓰: 네, 정확합니다. 여러분이 어떤 주제를 다루는 사람인지를 정했다면 그에 어색하지 않은 닉네임을 만들고, 다룰 주제와 서브 주제로 블로그의 글 메뉴를 꾸며 주시면 돼요. 책의 본문에서 말씀드린 것처럼 '앞으로 어떤 내용을 쓸 것이다'라는 자기소개를 공지글로 걸어주시면 좋고요. 그렇게 하면 첫 번째 요건이었던 지애님이 '무엇을 하는 사람으로서 인지

되는 것'은 충족이 될 수 있습니다.

지애: 그렇군요. 그렇다면 두 번째인 **'저만의 관점'**을 만드는 것은요?

부르크쓰: 네, 그것도 설명을 드릴게요. 다시 아까 갔었던 가상의 마을로 돌아가 볼게요. 관심사가 비슷한 사람이 없는지 마을을 걷고 있는데, 눈에 띄는 사람이 있어요. '실버포레버'라는 사람이 있어서 지켜보니 명예퇴직을 하는 사람들에 대한 정보를 제공하는데, 50대~60대 국민에 대한 기사나 유튜브에서 노후 빈곤 영상을 보고 느낀 점을 올리고 있어요. 어떠세요? 지애님은 이 실버포레버님은 찾아가실 것 같으세요?

지애: 네! 제가 관심 분야가 같은 사람이고, 그런 내용을 계속해서 다룬다면 종종 찾아가 볼 것 같아요.

부르크쓰: 그렇다면 한가지 가정을 더 해볼게요. 그를 어느 정도 기간 동안 찾아갔는데, '실버포레버'님이 블로그에 올리던 내용을 요약해 전자책을 냈다고 해요. 그리고 자신을 자주 찾아오던 지애님께 그 책을 구매해달라고 말해요. 그러면 사주시겠어요?

지애: 갑자기요? 잘 모르겠어요.

부르크쓰: 네, 잘 모르실 거예요(웃음). 아마 선뜻 구매하고 싶지는 않을 겁니다. 지애님과 실버포레버님 간에 형성된 관계나 친밀감 등을 떠나서 다른 이유가 있어요. 그건 바로 그의 글이 다른 곳에서도 볼 수 있겠다는 생각이 들기 때문일 거예요.

지애: 다른 곳에서도 볼 수 있겠다는 생각이요?

부르크쓰: 네. 누군가의 글에 얼마만큼의 가치가 있는지 판단하는 가장 좋은 방법은 '**돈을 주고도 구매할 가치가 있을지**'를 생각해 보는 거예요. 그리고 돈을 주고도 구매할 것 같다는 생각이 드는 글은, '**이런 건 다른 곳에서 볼 수 없겠다**'는 생각이 드는 글이에요. 그런 희소성이 있어야 구매 욕구가 생겨나고, 금액과 가치를 비교해 구매 결정을 하게 되는거죠.

지애: 그렇군요. 그렇게까지는 생각을 하지 못했어요. 그렇다면 실버포레버님의 글을 돈을 주고 보고 싶지 않은 것은 그분의 글이 희소성이 없기 때문이라는 말씀이시군요.

부르크쓰: 네, 맞습니다. 그가 올리는 글은 분명 지애님의 관심사에 부합하지만 글쓴이만의 독특한 무엇이 들어있지는 않아요. 기사나 유튜브 영상 등을 올리고, 그에 대한 단편적인 생각을 더하는 것은 사실 어디서나 볼 수 있는 글이기 때문이에요.

지애: 분명히 그렇네요…. 그런 글을 쓰는 분들은 저만해도 여러 명을 알고 있으니까요. 음. 그렇다면 말씀하신 '여기서만 볼 수 있겠다'는 생각이 드는 글은 어떤 글인가요?

부르크쓰: 그게 바로 말씀드렸던 글쓴이만의 관점이 들어 있는 글이에요. 단순히 정보를 요약, 정리하는 것이 아니라 그에 대한 **자신의 생각**, 즉 **인사이트**를 더한 사람이라고 할 수 있어요. 노후 빈곤에 대한 기사를 봤다면 그걸 올리는 데 그치는 게 아니라 **왜 그런 현상이 발생**하는지, **왜 유독 한국에서 이 문제가 심각하게 일어나는지**, 그렇다면 앞으로는 어떻게 해야

할지 고민해 보는 거죠. 그리고 나름의 답을 올려보는 거예요.

지애: 그렇군요. 그런 글을 올리는 사람이라면 분명 아무 데서나 볼 수 없을 것 같기는 해요. 하지만 그런 글을 과연 제가 쓸 수 있을지가 걱정되네요.

부르크쓰: 네, 그러실 수 있어요. 하지만 중요한 부분은 당장 우리가 대단한 인사이트, 그럴싸한 의견을 더해야 하는 것은 아니에요. 다만 어디서나 볼 수 있는 **정보를 단순 전달 하는 메신저 역할을 하는 것이 아니라, 우리의 의견을 말할 수 있는 스피커가 되어야 한다는 것입니다.** 우리가 기사나 칼럼을 쓰는 게 아니기 때문에 무겁게 생각하실 필요는 없어요.

지애: 그렇군요. 저는 그러면 제가 올리기도 한 주제에 대해 기사나 정보를 찾아보면서 그걸 올리는 동시에 제 생각을 더해 버릇해야 하는군요?

부르크쓰: 네 맞습니다. 지애님의 생각을 덧대는 것 외에도 관련해 글을 읽는 사람에게 도움이 될 정보가 없는지를 찾아보는 것도 좋은 접근이에요. 노후 빈곤율이 OECD 중 가장 높은 수준이라고 한다면, 다른 주요 국가의 노후 빈곤율은 얼마인지, 그렇다면 그들의 경제 성장률과 출산율 등 경제 상황은 어떤지, 우리와 비슷한 선례를 겪었던 나라가 있을지, 그렇다면 그들은 이 문제를 어떻게 다뤘을지 등을 조금 더 검색해 볼 수도 있겠죠. 그러는 와중에 알게 되는 정보를 추가로 제시할 수도 있고, 남들은 찾아보기 번거로울 정보를 요약, 정리해서 보여 줄 수도 있고요.

지애: 네, 확실히 그런 정보까지 찾아서 제공을 한다면 조금 더 볼만한 글이 되겠어요. 그리고 검색을 하다 보면 저도 공부가 많이 되겠는걸요?

부르크쓰: 맞아요. 그렇게 특정 주제에 대해 관심을 갖고 연관되는 정보를 찾아보고, 관련 책이나 영상 등을 보다 보면 조금씩 지애님만의 생각이 갖춰질 겁니다. 이제 그걸 인사이트라고 부를 수 있게 되겠죠. 처음부터 대단히 깊은 생각을 갖고 있는 사람은 없을 거예요. 이 주제에 관심이 있는, 그리고 지애님의 글을 찾아 준 사람에게 어떤 정보가 있으면 좋을까라는 것을 고민하고, 앞으로 어떻게 문제를 대하는 것이 좋을지 독자의 관점에서 생각하는 사람에게 주어지는 선물이죠. 인사이트라는 것은요. 그리고 이런 인사이트가 담긴다면 지애님만의 관점이 있는 글로서 인식될 거예요.

지애: 그렇군요. 과정이 쉬울 것 같지는 않지만 어떤 지점을 향해 달려 나아가야 하는지는 조금 감이 잡혔어요. 어서 빨리 저도 저만의 주제를 정하고, 그에 대한 글들을 써보고 싶네요. 사람들이 제 글을 찾아와서 읽어주고, 도움이 된다고 말한다면 너무 뿌듯하겠어요. 이렇게 생각하니 처음 고민했던 것처럼 미룰 것 같지는 않네요. 재미있을 것 같아요.

부르크쓰: 네, 맞아요. 그렇게 조금씩 찐팬을 만들어 나갈 수 있는 거예요. 지애님이 블로그에 올리는 무료로 읽을 수 있는 글을 와서 읽어 주는 사람들은 라이트한 팬이라고 할 수 있습니다. 그걸 유료화했을 때도 값을 지불하고 읽어 준다면 그들은 찐팬이라고 할 수 있고요. 지애님이 인사이트가 있거나 관점이 있는 글을 쓴다면 그건 다른 곳에서는 볼 수 없는 글로 여겨질 것이고, 이를 구매하려는 사람도 생겨날 겁니다. 그렇게 어느 정도 찐팬이 형성됐을 때 블로그 글보다 더 많은 고민이 담긴 글을 전자책으로

낸다면 구매가 이루어질 거예요.

지애: 잘 알겠어요. 그냥 전자책만 써서 공지를 올린다고 구매가 되는 게 아니군요. 이걸 알아서 정말 다행이에요.

에필로그

부르크쓰: 안녕하세요, 그동안 잘 지내셨나요? 4주 차 수업이 끝난 지 벌써 꽤 많은 시간이 지났네요.

아영, 지애: 네, 정말 시간이 금방 흘러가네요. 그동안 잘 지내셨죠?

부르크쓰: 그럼요. 두 분께서 어떻게 지내셨는지, 너무 궁금합니다. 블로그로 소식을 간간이 보기는 했지만 어떤 일들이 있으셨는지 말씀해 주시겠어요?

아영: 네, 저부터 말씀드릴게요. 저는 우선 기획했던 전자책을 집필해서 등록했어요. 대단히 많은 부수가 팔리지는 않았지만 읽어주신 분들께서 좋은 리뷰를 달아주시고 따로 이메일을 받기도 했어요. 덕분에 데이트 비용을 아끼게 됐다는 사람부터 전자책이 궁금하다는 사람까지 다양한 분들이 많더라고요.

부르크쓰: 그렇군요. 책은 저도 읽어봤는데, 사람들이 궁금해할 만한 지점들을 잘 정리해 주신 것 같더라고요. 좋은 반응이 있을 것 같았어요. 그럼, 이제 그다음은 어떤 걸 준비하고 계세요?

아영: 독서 육아에 관심 있는 분들께서 많은 피드백을 남겨주셨어요. 그분들 중에 실제로 독서 육아가 궁금하다는 분들이 생겨서 그분들을 대상으로 오프라인 모임도 했고요. 그중에 좀 더 제대로 배워보고 싶다는 분이 있었고, 지인도 소개를 해주셔서 그분들에게 무료 강의를 하기로 했답니다. 만약 해보고 반응이 괜찮으면 다음번에는 유료로 한번 해보려고 해요.

부르크쓰: 너무 잘하고 계시군요. 그렇게 무료, 유료 강의를 하시면서 경험하시는 것들도 기록으로 남겨두시면 아마 다음번 콘텐츠를 기획할 때 중요한 밑거름이 될 거예요.

아영: 그렇겠네요. 저한테는 한 분 한 분의 수강생이 또 소중한 사례가 되겠어요.

부르크쓰: 그럼요. 그러면 지애님 말씀도 한번 들어 볼게요.

지애: 네, 저는 수업 중에 블로그에 대한 이야기를 많이 해주셔서 글을 꾸준히 올리고 있는데 반응이 생각보다 좋아졌어요. 잘 몰랐는데, 제 나이대 사람들도 할 줄 몰라서 그렇지 SNS를 하고 싶어 하는 욕구가 크더라고요. 그래서 주변 지인들에게 블로그 하는 법을 알려줬어요. 계정도 만들어주고, 프로필 사진도 설정해 주고요. 이렇게 해보면 별것 아닌 것들이 모르는 사람들에겐 큰 걸림돌이 된다는 것을 알았어요. 그래서 블로그 하는 법

과 50~60대가 배워야 하는 것들에 대해 책으로 준비했고, 출판사에 투고를 해봤어요.

부르크쓰: 충분히 멋지신데요? 회신이 온 곳이 있나요?

지애: 네, 우선 한 곳에서 반기획 조건으로 같이 작업해 보고 싶다고 연락이 왔어요. 기획 출판이 아닌 것은 아쉽긴 하지만 저는 아직 책을 써본 경험이 없으니 이것도 감사한 기회라고 생각이 돼요. 많이 배워서 좋은 책으로 만들어 보려고 해요.

부르크쓰: 너무 멋지십니다. 앞으로 훌륭한 책 내주시기를 기다리고 있을게요. 그럼 이렇게 여러분들과의 강의를 모두 마무리하게 됐네요. 어떠신가요? 저를 맨 처음 만나셨을 때 어떤 말씀을 하셨었는지 기억이 나세요?

아영, 지애: 아….

부르크쓰: 네, 두 분 다 걱정이 굉장히 많으셨죠(웃음). 하지만 경험해 보고 나면 걱정이란 건 우리가 그걸 잘 모르기 때문에 하는 것이라는 걸 잘 알게 되셨을 거예요. 누구에게나 처음이 있고, 겪고 나면 아무것도 아닌 일이 많습니다. 앞으로 다른 일에 임하실 때도 겪어보고 나면 '별 게 아니다.'라고 생각하며 자신 있게 도전하셨으면 좋겠습니다. 분명한 건 아무것도 하지 않으면 아무 일도 일어나지 않으니까요.

아영, 지애: 네, 그동안 정말 감사했습니다.

부르크쓰: 전자책을 쓰고, 강의를 하는 것은 어찌 보면 별것 아닐 수 있어요. 그것 또한 우리를 나타내는 수단이니까요. 여러분들이 콘텐츠를 만드

는 과정에서 스스로를 돌아보고, 자신이 어떤 걸 할 때 행복한지를 깨달으셨으면 좋겠습니다. 그럴 수 있다면 이후에 콘텐츠가 잘 되든, 그렇지 않든 뿌듯하게 잠들 수 있을 테니까요. 그리고 대개, 그런 분들이 브랜딩을 했을 때 더 잘 되시기도 합니다. 그럼 그동안 수고하셨고, 앞으로도 더 성장하시는 모습 기대하겠습니다. 감사합니다.

마치며

N명의 사람이 있다면
N개의 답이 있다

여기까지 콘텐츠를 찾기 위한 여정을 마쳤습니다.

책에서 가장 힘주어 말하고 싶었던 것은 모든 사람은 각자 다르며, 자신만의 가치가 있다는 거였어요. 우리는 모두 다른 성향과 생각, 그리고 성장 환경을 갖고 자라납니다. 그것들은 가치관이라는 것으로 형성돼 각자가 무엇을 추구하며 살아갈지를 결정하게 되죠. 원래대로라면 그래야 합니다.

하지만 대한민국에서는 그러기가 어렵습니다. 개인을 국가 발전을 위한 자원으로 바라봤던 상황에서 다양성을 존중받기란 쉽지 않았죠. 학업과 취업을 거치며 튀어나온 부분은 자르고, 모자란 부분을 채우며 규격화된 사람이 되는 게 현실이었습니다.

그럼에도, 퍼스널 브랜딩 마저 그렇게 돼선 안 된다고 생각됐습니다. 시중 도서를 보면 퍼스널 브랜딩에도 법칙이 있다고 이야기합니다. 따라야 하는 패턴이 있고, 스스로를 특정한 틀에 맞춰야 한다고 말이죠. 하지만 브랜딩이란 자신의 콘텐츠를, 또는 자신 그 자체를 브랜드화하는 것입니다. 그 과정에서 누군가를 모방하거나 유행을 따라가는 것은 단기적으로는 효과가 있을지 모르지만 지속하기는 어렵습니다. 결국은 우리 내면을 바라보는 과정이 필요합니다.

우리들 각자에게는 각기 다른 이야기들이 들어있습니다. 그건 특별하거나 대단히 화려하지 않을 수 있어요. 하지만 그렇기 때문에 누군가는 이를 필요로 할 수 있고, 우리 이야기로부터 용기를 얻을 수 있습니다. 그런 면에서 자기다운 것이 가장 대중적입니다.

좋아하는 것을 하는 사람들은 단단합니다. 그들은 누군가의 삶을 부러워 하지도 않고, 지나버린 시간을 후회하지도 않습니다. 삶의 모든 날이 좋을 수는 없지만 그들은 좋지 않은 날에도 행복을 찾아냅니다. 우리 주변의 더 많은 이들이 그런 삶을 살았으면 합니다. 좋아하는 일을 찾고, 그것들로 자신의 삶을 채워 스스로를 긍휼히 여겼으면 합니다. 이 책을 모든 모든 이가 자신이 좋아하는 것을 찾을 수 있기를, 그 결과 삶을 자기다움으로 채울 수 있기를 진심으로 소망합니다.

오늘도 여러분의 성장을 응원합니다.

237